世界の中央銀行

イングランド銀行の金融政策

獨協大学 経済学部教授
斉藤 美彦 著

一般社団法人金融財政事情研究会

■はしがき

2000年代の世界的な金融危機は100年に１度の危機といわれる。その表現が適当であるかはともかくとして、今回もまた危機は過度な楽観論が蔓延した後に起こるということを感じさせた。危機に対応してとられた各国における経済政策は多種多様なものであったが、先進諸国においては金融政策への依存が強まることとなった。

そこで採用されたのが"非伝統的・非正統的"といわれる各種の政策であり、それは多くの場合、国債の大量発行を支える役目を果たしている。そしてその際に問題とされるのは、中央銀行による国債の大量購入は財政赤字のマネタイゼーション（財政ファイナンス）ではないのか、ということである。これまでのところ多くの中央銀行は、それは市場機能の維持のためであるといいつつ、それを継続している。そしてその継続時間の長さは、そこからの出口のむずかしさを想起させることとなっている。

さらに、先進諸国においてはでディスインフレ傾向があり、それが日本のような（マイルドではあっても）デフレに陥ることへの警戒感が強いようにも思われる。しかし、将来的にはインフレーションも懸念される。そうなった場合に、長期金利を無理やり抑え込む「金融抑圧」政策がとられるかどうかも注目されている。現代の金融政策はリスク、不確実性、そして混迷の度を深めている印象がある。

本書は、今次危機に対応して“非伝統的・非正統的”といわれる金融政策を採用せざるをえなくなった中央銀行の1つであるイギリスのイングランド銀行（BOE）について、近年の状況を中心にその政策について検討したものである。

本書の内容を紹介するならば、「序章　イングランド銀行とシティ」においては17世紀末に政府の資金調達のための「政府の銀行」として設立されたBOEが、19世紀に「銀行の銀行」としての「中央銀行」へと変貌し、第二次世界大戦後の国有化を経て、金融自由化等につき1980年までにどのように対応してきたか、をごく簡単に概観している。

「第1章　インフレーション・ターゲティング、独立性の獲得およびFSA体制」においては、1980年代のマネーサプライ・ターゲティングに失敗し、実質上の為替ターゲティングもジョージ・ソロスにしてやられて、結局1992年に採用することとなったインフレーション・ターゲティングのもと、ニューレイバー政権下における独立性の獲得および金融機関の監督権限の喪失（FSA体制）について概観した。

「第2章　平時の金融政策・調節の姿」においては、近年の危機モードの金融政策・調節がいかに異例なものであるかを明らかにするために、危機以前の平時の金融政策・調節の姿がいかなるものであったかをみたものである。特に2006年5月の金融調節方式の変更において導入された完全後積み方式の準備預金制度の特異性、その重要性、量的緩和が不可能な制度設計となっていることを中心に検討した。

「第3章　世界金融危機とイングランド銀行の対応」においては、第2章で説明した平時モードの金融政策・調節を、2007年のノーザンロック危機後は危機モードのそれへと変更せざるをえなくなったこと、さらに結局は2009年以降の量的緩和政策の採用に追い込まれたことを分析した。そして、量的緩和政策はこれまでのところさしたる効果をあげてこなかったことについても明らかにしている。

「第4章　イギリスと日本の量的緩和政策」においては、今次危機への対応策について、それを量的緩和政策と呼ぶことに慎重な中央銀行が多いなか、自らの政策を明確に量的緩和政策と呼んできているBOEと、2001年から自らの政策を量的緩和政策と呼んだ日本銀行の政策を比較し、準備預金への付利が名目短期金利をゼロとすることなしに量的緩和を可能としたことを明らかにした。また、ここにおいては準備預金への付利を伴う超過準備供給は、売出手形や中央銀行債券発行と同様の資金吸収策であるとことも明らかにし、売出手形等の場合はベースマネーを構成しないことに注目すべきであるとした。

「終章　新総裁体制の変化は」においては、まず危機後の金融規制体制の変更においてBOEの役割が高まったこと、財政悪化から国債発行額が急増したことを確認した。このようにみると、BOEの量的緩和政策は明らかに国債大量発行を支えるものとして登場したのでは？との疑念が生じることとなる。また、そこからマネーストック増には結びついていないことも明らかにし、マーク・カーニー新総裁就任後の動きについても概観していく。

以上が本書の大まかな内容であるが、BOEの量的緩和政策がこれまでのところさしたる効果をあげていない一方で、財政赤字のマネタイゼーションへのかかわりが疑われる。異例の政策の継続は出口政策をむずかしくしているように思われるほか、出口における金融市場等の大混乱が懸念されるし、また「金融抑圧」政策へと追い込まれることも懸念される。それほど遠くない将来において、本書の予想が的外れではなかったことが実証されることがあるのかどうかは興味深い。明るい指標は一部にはあっても、このような異例な政策が採用されて続けていること自体、危機がまだ終息していない証拠なのであるということは忘れてはならないであろう。

最後になるが、このようなタイプの単著を上梓するのは私にとって初めての経験であった。原稿を完成させてから出版助成、さらには出版社を探すといういつもの作業がないのは楽ではあったが、今度は原稿の完成が遅々として進まず、その間に現実が動いてしまうという事態に困惑することも多かった。必ずしも主流派的見解を有しているわけではなく、現時点における多数派側にいるわけでもない私に本書の企画が持ち込まれたからには、もう少し作業を早めるべきであったではあろうが、周囲の状況や私の怠慢のために原稿の完成が遅れることとなってしまった。本書を仕上げることは当初に予想していたよりはるかに大変な作業であったが、楽しい作業でもあった。

本書の企画段階からお世話になり、原稿の遅れを見守ってくれた一般社団法人金融財政事情研究会出版部の伊藤洋悟氏に感謝し、この「はしがき」を終えることとしたい。

2014年4月

鬼怒川の自宅にて

獨協大学経済学部教授　**斉藤　美彦**

■著者略歴■

斉藤　美彦（さいとう　よしひこ）

1955年北海道生まれ。1979年東京大学経済学部卒業、全国銀行協会連合会（現・全国銀行協会）入社。その後、日本証券経済研究所を経て、1997年広島県立大学（現・県立広島大学）経営学部助教授、2001年より獨協大学経済学部教授。

この間、1986～87年ロンドン大学（LSE）大学院研究生、1992年ロンドン大学（SOAS）客員研究員、1995～96年オックスフォード大学（セント・アントニーズ・カレッジ）スワイヤ・キャセイパシフィック・フェロー。

〔主要著書〕

『リーテイル・バンキング―イギリスの経験―』（1994年、時潮社）

『イギリスの貯蓄金融機関と機関投資家』（1999年、日本経済評論社）

『金融自由化と金融政策・銀行行動』（2006年、日本経済評論社）

『国債累積時代の金融政策』〔須藤時仁との共著〕（2010年、日本経済評論社）

『イギリス住宅金融の新潮流』〔簗田優との共著〕（2011年、時潮社）　など

目　次

第2章 平時の金融政策・調節の姿

第3章 世界金融危機とイングランド銀行の対応

第4章　イギリスと日本の量的緩和政策

終　章　新総裁体制の変化は

序　章

イングランド銀行とシティ

イングランド銀行／アフロ

1 イングランド銀行の設立

(1) 「シティの中心の老婦人」

ロンドンの地下鉄のセントラル・ラインとノーザン・ラインの交差する駅の名は「バンク」という。このバンクとはイギリスの中央銀行であるイングランド銀行（BOE）のことであり、イギリスの新聞等で頭文字が大文字のthe Bankとは同行のことである。その別名は本店所在地の地名に由来する「縫い針通りの老婦人（the Old Lady of Threadneedle Street）」である。

このBOE周辺の１マイル四方の地域が世界の金融の中心地の１つの「シティ」であり、それは従来から独立国といってよい地位を与えられてきた。テレビでエリザベス女王がシティを訪れる際に、ロンドン市長（the Load Mayer）が出迎えているようすが映されている場合があるが、あれは出迎えているというよりも独立国シティに入ることを許可している映像なのである。ちなみに、国会においても女王は下院（庶民院）に入ることは許されず、上院（貴族院）においてスピーチを行っている。

このBOEが設立されたのは1694年のことであり、一般に世界で２番目に古い中央銀行であるとされる。ちなみに、世界最古の中央銀行はスウェーデンのリクスバンクであるとされ、その設立年は1668年である。ただし、この両行ともに現代的意味での中央銀行ではなく、政府の資金調達目的の銀行であり、商業銀行業務を行っていた。

一般的に、中央銀行の機能としては「発券銀行」「銀行の銀行」「政府の銀行」といわれることが多いが、現代における「政府の銀行」の意味は、国庫事務、国債関連事務等を行うことであり、政府への資金供与を行うという意味ではない。中央銀行の政府に対する信用供与についてはほとんどの国で禁止されているし、新規発行国債の直接引受けにしても禁止されている場合が多い。

しかしながら17世紀に設立されたBOEは、政府の資金調達のための「政府の銀行」としての性格をもっていた。1688年といえば、イギリスにおいていわゆる名誉革命が達成された年である。翌年には「権利の章典」が制定されたが、この年は対フランス戦争が開始された年でもあった。このため、従来から慢性的な財政逼迫の状態にあったイギリス王室の財政状況はさらに逼迫することとなった。このような事態を改善するために構想されたものがBOEだったのである。

設立運動の中心となったのはスコットランドの企業家のウィリアム・パターソンであり、彼の尽力によりBOEの発起人および出資者が集まった。集められた出資額は120万ポンド。この出資額はイギリス政府へと貸し付けられ（金利８％）、その見返りとしてパターソンは法人組織権を獲得した。BOEに勅許状が交付されたのは1694年７月24日であった。

なお、８～９頁にやや詳しく述べるウォルター・バジョットの『ロンバード街』によると、創設当初のBOEは、金融会社であり、それもホイッグ党（後の自由党、現在の自由民主党）の金融会社であったとのことである。ちなみにホイッグ党はスコットランドの馬泥棒の意味であり、対立していたトーリー党（現在の保守党。イギリスの新聞等では現在でも同党のことはToryと書かれる）はアイルランドのならず者の意味である（なお、この両党は近代政党政治の端緒ともいわれるが、その対立点はチャールズ2世（在位：1660～1685年）の後の国王としてカトリック教徒を認めるか（ホイッグ党）、認めないか（トーリー党）の違いによるグループ的な存在であった。ただしこれ以降、イギリスでは基本的に2大政党制が継続しており、周知のとおり19世紀におけるそれは保守党と自由党、現在においては保守党と労働党ということとなっているのである）。

それはともかくとして、当時のホイッグ党政府は前述のとおり深刻な資金難にあえいでいたが、BOEがシティに支持されたのはシティがホイッグ派であったからである。チャールズ2世は近代的銀行業の起源の1つと一般的にいわれる、金細工師由来のゴールドスミス銀行が国庫に預けていた財貨を閉鎖した。国債がデフォルトした政府の信用が地に落ちると同様に、スチュアート朝の政府の信用は回復しなかった。このため、チャールズ2世の後を継いだウィリアム3世（在位：1689～1702年）の政府の信用は低く、多額の借入れは困難であり、借入れの利率も非常な高率であった。この状況を改善するために計画されたのがBOEであった。BOEが政府の資金調達のための銀行として誕生した理由がここにあったのである。

設立当初のBOEの主要業務は政府への貸付と貨幣鋳造であった。そして1697年に、BOEは政府への追加的な貸付の見返りとして、イングランドおよびウェールズにおける株式会社組織の銀行（Joint Stock Banks）による銀行券発行の独占権を獲得した。ここで説明が必要なのは、当時の銀行の組織形態の主流は個人銀行であったということであり、この独占権の獲得によっても発券の独占権を獲得したわけではないということである。

ちなみにイギリスの場合は現在においても、スコットランドおよび北アイルランドでは民間銀行が銀行券を発行しており、BOEの発券の独占は現在に至るまで確立してはいない。もっとも、18世紀を通じて「政府の銀行」たるBOEへの発券の集中傾向は継続した。

⑵ 「通貨論争」とピール銀行条例

18世紀末の1797年には、フランスとの戦争への不安からBOEには銀行券の兌換請求が相次ぎ、BOEは兌換停止に追い込まれた。それが再開されたのは1821年のことである。しかし、それはイギリス経済の順調な発展へと単純には結びつかず、1825年には恐慌が発生した。その約10年後の1836年にも恐慌が発生したこともあり、有名な「通貨論争」が行われることとなった。

これはつまるところ、インフレーションと貨幣量（銀行券量）との関係についての論争である。「通貨学派」の主張は、銀行券量と物価との間には比例的な関係があり、BOEの発券量はその金の保有量とリンクすべき、というものであった。これに対して「銀行学派」は、通貨とは銀行券だけではなく正常な取引に基づき発行された真正手形も通貨であり、それが銀行により割り引かれた場合（＝銀行券が発行される）は販売代金等により手形の支払が行われる（＝銀行券は回収される）から、銀行券の発行量を機械的に金の保有量と結びつけるのは経済過程を無用に混乱させると主張した。

この論争は1840年に発足した発券銀行特別委員会において激しいものとなったが、政治的には「通貨学派」が勝利し、1844年にいわゆる「ピール銀行条例」が成立した。

「通貨学派」の勝利には当時の首相であったロバート・ピールがそれを支持したことが大きかったわけであるが、この条例の内容を説明する前に、彼についての若干の説明を行うことにしたい。

ピールは保守党の政治家であり、２度にわたり政権の座についている。第一次ピール内閣は1831年12月に成立したが、アイルランド国教会の教会税転用問題の混乱からわずか４カ月で退任した。そして第二次ピール内閣が1841年８月に成立、その後約５年にわたり政権を維持した。なお、第二次ピール内閣の退陣の理由は穀物法の廃止問題関連の混乱であった。それはともかくとして、最近の日本におけるリフレ派の勝利でもわかるとおり、経済・金融にかかわる論争においては、一見わかりやすい議論のほうが政治家の支持を受けやすく、勝利しがちである。「通貨論争」における「通貨学派」の勝利もそうしたものであったのかもしれない。

さて、ピール銀行条例の内容について説明しよう。これはBOEを発行部と銀行部に分け、発行部による銀行券の発行は1,400万ポンドの保証準備発行を上限とし、それ以上の銀行券の発行には金準備が要請されるというものであった。また、ロンドン以遠の地方銀行の発券を制限することにより、事実上の銀行券発券の独占権（完全ではないが）を保有することとなった。

ただし論争における「通貨学派」の勝利は、その議論が正しいこととイコールではない。ピール銀行条例の成立後も、循環性恐慌はほぼ10年周期で1847年、1857年、1866年と発生し、その度に同条例は停止され銀行券は増発された（1866年は実際には銀行券の限外発行はされなかったが、オーバーレンド・ガーニー商会の取付け騒ぎおよび倒産は大きな動揺を金融界に与えた）。ここにおいて「通貨論争」における真の勝利者は「銀行学派」であることが明らかとなったのであった。

2 「政府の銀行」から「中央銀行」への変貌

⑴ 「最後の貸し手」としてのイングランド銀行

このように19世紀のイギリス金融市場が変化する過程で、BOEは徐々に「政府の銀行」から「銀行の銀行」へと変貌し、その商業銀行業務は縮小していくこととなった。この過程で大きな影響力をもったのが、1873年に出版されたウォルター・バジョットの『ロンバード街』であった。

バジョットは、長期にわたり『エコノミスト』誌の編集長を務めたジャーナリストであるが、1866年の恐慌を契機に執筆されたといわれる同書において、金融危機時において支払能力（solvency）には問題がないにもかかわらず、取付け騒ぎ等から一時的に流動性（liquidity）不足に陥った金融機関に対して、中央銀行（BOE）は、担保を徴求し、通常より高い金利を徴求したうえで無制限に流動性を供給するべきであるとした。これがいわゆるバジョット・ルールであり、BOEに中央銀行としての自覚をもたせ、「最後の貸し手」（lender of last resort）として行動するよう求めたものである。

この時期以降、「政府の銀行」として登場したBOEは、中央銀行としての自覚をもって行動するようになっていったといわれる。そのせいかどうかは必ずしも明らかではないが、1866年以降もイギリスでは恐慌が何度か発生し、海外で起こった金融恐慌の影響から混乱が生じたことはあったものの、銀行への取付け騒ぎが長期間にわたり発生することはなかった。第3章で取り上げる、2007年9月のノーザンロックへの取付け騒ぎは約140年ぶりに発生したものといわれたものであった。

(2) 金本位制から管理通貨制へ

イギリスが金本位制を採用したのは1816年のこと（ただし、当時は前述のとおりイングランド銀行券は兌換停止の状態にあり、その意味では本格的な金本位制の採用は兌換が再開された1821年といえる）であるが、19世紀の後半には主要国が金本位制に移行した。19世紀末から第一次世界大戦の時期までは国際金本位制の黄金期といわれ、基軸通貨はポンドであり、この時期の国際通貨体制はポンド体制と呼ばれている。

この金本位制は第一次世界大戦で一時停止されたが、1925年にイギリスをはじめ各国が金本位制に復帰した。これが再建金本位制である。しかしながら1929年秋のアメリカの株式市場の混乱に始まるいわゆる世界大恐慌は、1931年５月のオーストリアの大銀行であるクレジット・アシュタルトの破綻という事態により、その混乱が増幅されることとなった。イギリスからも巨額の資本が流出し、イギリスは９月には金本位制を離脱せざるをえず、各国もこれに追随して金本位制を離脱して再建金本位制は崩壊した。これ以後の世界は約80年以上にわたり、金と通貨の関連のない管理通貨制（中央銀行の管理のもとで銀行券が発行される）と呼ばれる通貨制度を採用してきているのである。

なお、両大戦間期の1920～44年の長期間にわたりBOEの総裁の座についていたのはモンターギュ・ノーマンであった。春井久志著『中央銀行の経済分析』（春井〔2013〕）の第２章の表題は「イングランド銀行はいつ中央銀行に変貌したのか」であるが、そこで春井は、このノーマン総裁の在任時期こそがBOEが真の中央銀行へと変貌した時期であると結論づけている。また、1984年に出版された『中央銀行』という本において、日銀エコノミストであった著者の西川元彦は、セントラル・バンキングという言葉について「古い中央銀行は300年の歴史を持っているのに、この言葉や概念が一般化したのは近々50年前頃からにすぎない」（iv頁）と述べている。

BOEやその他の中央銀行が今日的意味での中央銀行といえる存在となったのは、この時期であるといえるのかもしれない（第二次世界大戦後の歴代BOE総裁については図表序－１参照）。

図表序－１　第二次世界大戦後のイングランド銀行総裁

姓	名	在任期間
Catto	Thomas	1944-1949
Cobbold	Cameron	1949-1961
Baring	Rowland	1961-1966
O'Brien	Leslie	1966-1973
Richardson	Gordon	1973-1983
Leigh-Pemberton	Robert	1983-1993
George	Edward	1993-2003
King	Mervyn	2003-2013
Carney	Mark	2013-

（注１）　初代総裁はHoublon, John（1694-1697）。
（注２）　最長在任期間はNorman, Montagu（1920-1944）。

3　国有化、そして戦後の変化

(1)　第二次世界大戦後の国有化から競争と信用調節（CCC）へ

株式会社として出発したBOEは、第二次世界大戦後の1946年に労働党クレメント・アトリー政権のもとで国有化された。戦争期には協力を要請せざるをえないことから労働組合の影響力が強まる傾向がある一方、中央銀行の独立性は軽視される傾向がある。イギリスにおいても国有化以前からBOEの独立性は弱く、その後も独立性は弱い状態が続いた。一例をあげれば、公定歩合の変更の発表はイギリスにおいては財務大臣が行っていたのであった。

それはともかくとして、２度の世界大戦は覇権国家の地位をイギリスからアメリカへと転換させた。これに伴い、基軸通貨の座もポンドからドルへと移行した。世界経済の中心は明確にアメリカとなったのであった。イギリスは、かつての植民地の独立を容認せざるをえず、ブレトンウッズ体制下においてヨーロッパの一小国となることを選択せざるをえなかった。そして国内体制として選択したのが1942年のベバリッジ報告にある「ゆりかごから墓場まで」の福祉国家体制であった。

第二次世界大戦後のイギリスはいわばブレトンウッズ体制の落ちこぼれであり、その求める固定相場制の維持に汲々としていた。数次にわたりポンド危機に襲われ、実際に1949年および1967年にはポンド平価が切り下げられた。ただし国際金融市場としては、ロンドン（シティ）はニューヨークに次ぐ地位を占めてきており、それは現時点においてもそうであるといってよい。しかしながらBOEを中核として紳士協定と自主規制により金融市場が運営されているというシティの伝統は、1960年代における金融市場の変化や国際化の流れにより動揺することとなった。イギリスにおける金融市場の伝統的参加者とはロンドン手形交換所加盟銀行（クリアリングバンク）を中心とする商業銀行と割引商社（ディスカウントハウス）であり、これ以外にシティの住人として重要であったのは証券業者としてのマーチャントバンクであった。

イギリスの伝統市場としての割引市場は、商業手形・BA（Banker's Acceptance：銀行引受手形）などの売買が行われる市場であり、コール市場、手形市場、TB（Treasury Bills：財務省短期証券）市場からなっていた。これは商業銀行の資金ポジション調整の場であり、BOEによる割引商社向けの貸出や公開市場操作等が実施されていた。BOEの規制は、クリアリングバンクを対象としており、流動性比率規制等のバランスシート規制、貸出上限規制、特別預金制度（預金債務の一定額をBOEに預入させる）等により行われていた。また、この時期までクリアリングバンクは預貸金金利を公定歩合と連動させるという金利協定を維持してきていた。

1960年代におけるイギリス金融市場の変化は、伝統市場とは異なる並行市場と一括される諸市場の誕生と拡大であった。これらの市場では、規制が存在せず、伝統市場とは異なり無担保での取引が通例であった。なお、外貨建ての取引であるユーロ市場も並行市場の１つであり、1960年代に大きく発展した。このこともあって金融市場改革が求められることとなり、1971年には「競争と信用調節」（CCC）と呼ばれる新金融調節方式が実施された。その内容は、貸出上限規制（これはしばしば質的規制を伴っていた）の撤廃および流動性比率規制および特別預金制度のクリアリングバンク以外への一般的適用等であったが、金利協定については撤廃されイギリスにおける金利の自由化が達成された。

⑵ セカンダリー・バンキング・クライシスから1979年銀行法へ

金融自由化の進展の過程ではブームが発生する傾向があるが、イギリスも例外ではなく不動産ブームが発生した。これまたよくあるようにブームが下向きになると金融機関が危機に陥ることとなる。イギリスにおいては1973年頃にこの問題が顕在化したが、その際に危機に陥ったのはセカンダリー・バンク（フリンジ・バンク）と呼ばれる中小金融機関であった。BOEは「ライフボート」と呼ばれるオペレーションを主要クリアリングバンク等の協力を得て実施することにより流動性を供給し、なんとか金融システムを安定化させた。このセカンダリー・バンキング・クライシスの経験および1973年のイギリスのEC（欧州共同体）加盟により金融関係の法制度を整備する必要があったことから、イギリスで初めての銀行に関する業法である1979年銀行法が成立した。

イギリスにおいてこの時期まで銀行に関する業法が存在しなかったのは驚きであるが、これはイギリスの法体系が判例法体系であったこと、およびシティが独立国としてイギリスの法体系には従わず、紳士協定と自主規制により対応するという伝統があったことにもよるものであった。それはともかくとして1979年銀行法は、預金受入機関を２分類し、①認定銀行および②免許預金受入機関とした。このほかでは預金保険制度を導入した（設立は1981年）が、それはきわめて限定的な制度であり、前述のノーザンロック危機時にその限界が露呈することとなった。

(3) サッチャー政権の発足と1980年代の諸改革

1979年はそれまでの労働党政権にかわって保守党のマーガレット・サッチャーが政権の座についた年であった。サッチャー政権は、国有企業の民営化等の種々の改革を実施したが、金融関係での自由化についても強力に実施した。これにはブレトンウッズ体制の崩壊後、為替がそして金利が変動するようになり、これに伴い世界的に金融自由化が進展したことも影響していた。金融自由化の進展は、これまで住宅ローン業務に進出してこなかった商業銀行が、住宅金融組合（貯蓄性預金を吸収し住宅ローンで運用する相互組織の貯蓄金融機関）がほぼ独占してきた同業務に進出し、リテールバンキング分野の競争圧力が増大し、これが資金調達面における種々の新商品の開発競争へと結びついた。

こうしてリテールバンキング業務における商業銀行と住宅金融組合の業務は同質化が進んでいったが、これを反映して1986年には住宅金融組合の業法が改正された（1986年住宅金融組合法）。同法においては、住宅金融組合に住宅ローン以外の資金運用を認め、大口の市場性資金の調達を認めたほか、住宅金融組合の株式会社転換（＝銀行化）の規定が盛り込まれた。住宅金融組合は、同法で認められたペイメント・サービスへの進出を望み、さらには外国銀行からの要請もあったことから、長らく閉鎖的であったロンドン手形交換所も会員資格も住宅金融組合および外国銀行の一部に開放された。したがって、この時期からクリアリングバンクという呼称自体が不適当となった。

1986年10月のビッグバンも、ロンドン証券取引所（LSE）における会員資格の開放であった。ビッグバンはこのほかにも、①自己勘定で売買を行うジョバーと顧客の注文を仲介する委託売買を行うブローカーの兼業禁止を廃止する単一資格制度、②

手数料の自由化等があったが、シティにおける自由化の象徴としての意味をもっていた。ビッグバン後において商業銀行が子会社形態等で証券業務に本格進出する一方で、外国業者によるマーチャントバンクの買収が相次ぐこととなった。今日では、英国籍のマーチャントバンクとして有力な業者はほとんどいないが、このような状況を指し示す言葉である「ウィンブルドン現象」(テニスの全英オープンのように大会自体は有名(＝ロンドン市場は有名)であるが、そこで活躍するのは外国人選手(＝外国業者)ばかりの意味)という言い方もされるようになった。

たしかにシティは本格的に変化しつつあった。そのもう１つの象徴が、従来法規制を拒み、紳士協定と自主規制を旨としてきたシティを縛る法律としての1986年金融サービス法の制定であった。しかしながらここにおいてもシティの伝統はある程度維持され、規制機関としての証券投資委員会(SIB)は民間会社として設立され、その下に業務ごとの自主規制機関(SRO)が置かれ、業者は自主規制機関の会員となることにより規制されるというものであった。

(4) ウィルソン委員会報告と中央銀行の独立性

この間、中央銀行としてのBOEの金融政策も変化した。それをみる前に、1980年におけるウィルソン委員会報告における中央銀行関連の議論をみることとしたい。

ウィルソン委員会は、1960年代および70年代の２度にわたり首相を務めたハロルド・ウィルソン(労働党)を委員長とする委員会であり、直接的には1970年代に勢力を拡大していた労働党左派による銀行国有化要求の妥当性を審議することをその目的としていた。しかしながら同委員会はイギリスの金融制度全般について幅広く検討し、そのなかには当然のことながら中央銀行たるBOEのあり方も含まれていた。

ウィルソン委員会報告は、各国における中央銀行の独立性の度合いについて検討しているが、そこにおける注目すべき論点としては、「連邦制国家においては中央政府の権力が相対的に弱くなる傾向があることから、中央銀行の独立性は高くなる」という傾向があると指摘している点である。それはともかくとして同委員会は、イギリスにおいてはその時点で中央銀行に独立性を与える必要はあまりないと結論づけた。BOEの独立性の獲得は1990年代の後半にまで持ち越されることとなったのであった。

(5) 1980年代の金融政策

1970～80年代は、経済学においてはそれまでの主流派であったケインズ経済学が没落する一方、新古典派経済学なかでもマネタリズムが台頭し、一世を風靡した時期であった。この理論は、財政削減を主張する新自由主義的な政治家にも支持された。典型的な新自由主義的政治家であったマーガレット・サッチャーが政権の座についたのは1979年のことであり、1980年代のBOEの金融政策もまたマネタリズム・サッチャリズムの影響を大きく受けることとなった。

BOEがマネーサプライ・ターゲティングを採用したのは1976年７月であり、Ｍ３をターゲットとしていた。そして1973

年に採用した補足的特別預金制度（通称コルセット規制：預金等の増加額に対し無利子の追加的特別預金を求めるもの）を廃止したのは1980年のことであり、これによりマネーサプライ・ターゲティングを重視することが明確となった。マネタリズムの影響力の増加は、1984年にＭ３に加えてＭ０（ベースマネー）もターゲットに追加するということにより強化され、1987年にはＭ３のターゲット設定が中止され、ベースマネー・コントロールを目指すかのような外観を呈することとなった。ただし、実際にはこの段階においてマネーサプライ・ターゲティングは放棄されており、短期金利および為替レート重視へと転換したのであった。

1980年代にイギリス（BOE）がマネーサプライの抑制に成功したかといえば、その答えは否というしかない。マネーサプライの上昇率は10%をはるかに超える時期が続いたのである。一方で、この時期のインフレーションは1970年代に比べれば落ち着いていた。これは、この間の高金利およびそれも影響しての（これに加えて北海油田が好調であったこともあり）ポンド相場の上昇が影響していた。さらには高い失業率もまた物価の安定には寄与した。こうしてマネーサプライと物価との関係はマネタリズムの想定どおりとはならずに不安定化した。これには金融自由化により種々の新種預金等が登場したことも影響していた。こうしてマネタリズムはその影響力が急速に低下していくこととなった。

詳しくは次の第１章でみるが、1990年にはイギリスは欧州連合の欧州為替相場メカニズム（ERM）に参加した。金融政策が、為替レート重視となることにより、マネーサプライ・ターゲティングから離れていくわけであるが、1980年代の失敗した政策の影響はBOEのその後の政策に影響したように思われる。

(6) 1987年銀行法

イギリスにおいて初めての銀行法として制定されたのが1979年銀行法であったが、その改正を考えざるをえない事態が1980年代において発生した。それは1985年のジョンソン・マッセイ銀行の破綻であった。同行の規模自体はそれほど大きなものではなかったが、ロンドン金市場における当時の5大業者の1つであり、何よりも1979年法の2種免許制度における認定銀行であったことが大きかった。1979年銀行法の暗黙の前提として、金融機関の破綻はあっても小さな免許預金受入機関だろうというものがあり、それゆえに預金保険制度がきわめて限定的なものとしてスタートしたのであった。

これにより1979年銀行法における監督体制の不備が問題視されたことから、1987年銀行法が成立した。同法の主な内容は、①銀行免許の一元化（認可金融機関：純資産100万ポンド以上等の条件あり）、②BOEの直接的監督権限の拡大、③監査法人との協力による監査強化、④預金保険制度の拡充、⑤大口融資規制の法制化等であった。なお、ここにおける預金保険制度の拡充はまったく不十分なものであり、この時点においても大規模金融機関の破綻はおよそ想定されてはいなかったのであった。

以上、BOEの誕生以来の歴史、その性格および金融政策の変化、さらにはシティを中心とするイギリス金融市場の変化等について、ごく簡単に概観してきたわけであるが、次章（第1章）以降においては、1990年代以降のBOEの金融政策の展開を、イギリス経済、金融市場の動向とともにみていくこととしたい。

第1章

インフレーション・ターゲティング、独立性の獲得およびFSA体制

1 ERM加盟から通貨危機まで

(1) マネーサプライ・ターゲティングから為替重視へ

欧州統合の動きから外されていたイギリスは、1973年になりようやくEC（欧州共同体）への加盟が許された。1960年代の加盟申請については、当時のフランス大統領のド・ゴールが認めなかったという説が一般的である。それはともかくとして、EC参加後も、イギリスは通貨統合の動きには一貫して消極的な態度をとり続けており、今日においてもユーロを採用していない。

そのイギリスが、わずかな時期ではあるが欧州通貨統合の方向に向けて動いた時期があった。1990年10月の欧州通貨制度（EMS：1979年発足）の為替相場メカニズム（ERM）への加盟以降の時期であった。当時の首相はサッチャーであったが、その欧州統合への懐疑的な態度に批判が高まっていた時期でもあり、当時の財務大臣であったジョン・メージャー（次期首相）が説得したといわれている。しかしながらサッチャーは結局、同年11月末に首相を辞任する。

このERMへの参加はイングランド銀行（BOE）の金融政策運営方式の変更へとつながった。この時期のBOEの金融政策運営は、それまでのマネーサプライ・ターゲティング（M0）から、「為替レート安定を重視した総合判断による政策運営」へと変更された。ただしこの対外均衡重視の金融政策運営は、国内景気との関係では矛盾を生じることとなった。すなわち、国内景気が悪化した際にも為替レート維持の観点からは金利の引下げがむずかしくなってしまうのである。こうしたなかでポンドが過大評価されているとして、ポンドの大量売却を仕掛けてきたのがジョージ・ソロスであった。

(2) ERMを脱退

1992年9月になるとポンドへの売り浴びせは激しさを増し、9月15日にはそれによりポンド相場はERMの変動制限幅（ポンドの場合は上下2.25%）を超えて下落した。BOEは当然のことながらポンド防衛へと走り、翌16日にはポンド買い介入だけでなく、1日に2度も市場介入金利（公定歩合）を引き上げた（10%→12%→15%）。

しかしながら結局、BOEは敗北し、9月17日にイギリスはERMを脱退して変動相場制へと移行し、今日に至っている。なお、イギリスと同じ日にERMを離脱せざるをえなかったイタリアは、1996年にERMに復帰して、その後ユーロ圏の一員となっている。

2 インフレーション・ターゲティングの採用

(1) ERM離脱後にインフレーション・ターゲティングへ

ERMからの離脱は当然のことながら、それまでのBOEの為替レート重視の金融政策運営の変更へと結びつくこととなった。その際にマネーサプライ・ターゲティングへの復帰という選択肢は存在しなかった。それは、この時期にはマネーサプライと物価との関係が不安定化しており、それが中間目標の意味をなさなくなってきていたからである。BOEは、Ｍ０をターゲット・レンジからモニタリング・レンジへと位置づけを後退させ、Ｍ０とＭ４について中期のモニタリング・レンジを公表するようにした。そして1992年10月から採用したのがインフレーション・ターゲティングであった。

インフレーション・ターゲティングを世界で初めて導入したのは、高インフレ体質に悩んでいたニュージーランドであり、それは1988年４月のことであった。目標レンジはCPI（総合）で１～３％、達成できない場合には政府に原因・予測・対処法を書面で説明することとされており、総裁罷免の可能性があることも注目された。ただし、こうした厳しさの一方で、このシステムは中央銀行の政策手段については政治の介入を排除できる（手段の独立性が獲得できる）点についても注目された。

その後、カナダ（1991年２月）等が導入し、これら諸国に次いでイギリスが採用したわけであるが、その理由は前記のとおり為替レート・ターゲティングの失敗および物価とマネーサプライの関係の希薄化であった。

当初の枠組みは、政府がターゲット・レンジを決定（これは現在でも変更されていない）するが、具体的にはRPIX（小売物価指数からモーゲージ金利支払等を除いたもの）の前年比を１～４％の範囲内とするというものであった。そして、それが達成できない場合においては、BOE総裁は財務大臣に対し、①乖離した理由、②対応策、③目標値に回帰するまでの期間の見込み、などを内容とする公開書簡（open letter）を提出しなければならないこととなっている。

また、BOEは1993年2月以降、四半期ごとに『インフレーション・レポート』を公表しており、先行き2年間のインフレ率やGDP成長率の見通しについてファンチャートと呼ばれる確率分布図で示すなど、政策の説明責任に気を使っている。

3 ブレア労働党政権の改革

(1) イングランド銀行の独立性の獲得

イギリスでは1979年以来保守党政権が続いていたが、1997年5月に政権交代があり、トニー・ブレア労働党政権が誕生した。同政権は早速BOEの改革に着手した。そのなかで最も重要なものはBOEの独立性を認めることであり、新設の金融政策委員会（MPC）へ政策運営権限が移管されることとされた。このMPCの第1回会合は政権交代の翌月の6月に開催されているが、これを法律的に認める1998年イングランド銀行法が施行されたのは1年後の1998年6月であった。

このほかの改革点としては詳しくは後述するが、銀行監督権限をBOEから分離するというものがあった。その意味では、BOEの独立性の獲得はこれとのバーターともみなせるものである。また、国債管理業務も財務省へ移管されることとされ、債務管理庁（DMO）が1998年4月に新設された。

また、独立性獲得と同時期に政府により設定されるインフレーション・ターゲティングの目標値（RPIX）が1～4％から2.5％へと変更され、その上下1％がターゲット・レンジとされた。これは、それ以前のレンジであると、4％を下回ればよいとの誤解が生じかねないからであると説明された。なお、ターゲットの指標は2003年12月にはCPI（消費者物価指数）に変更された。目標値は2％とされ、その上下1％がターゲット・レンジとされて今日に至っている。

このインフレーション・ターゲティングの導入以後のイギリスの物価上昇率は、たしかにそれ以前に比べれば低下した（図表1－1参照）。これをBOEはインフレーション・ターゲティングの成果として誇っていたが、これが真にそれによるものかどうかは疑わしい。というのは、アメリカや日本などインフレーション・ターゲティングを導入しなかった諸国においても1990年代以降はディスインフレ傾向が定着し、日本にいたって

図表1－1　イギリスのインフレ率

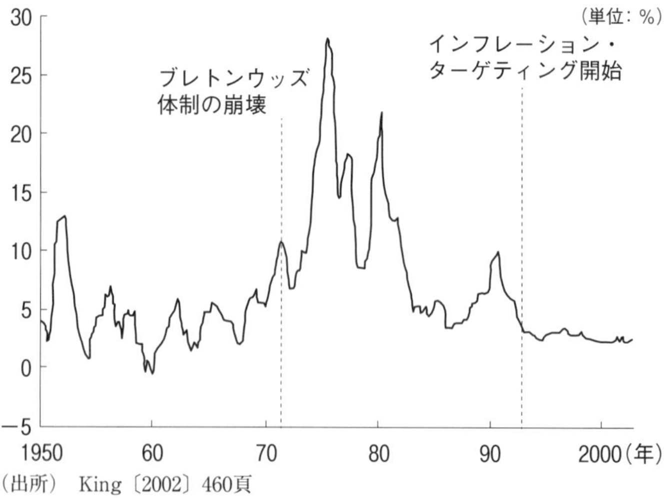

（出所）　King〔2002〕460頁

はデフレが問題視されるに至ったからである。

1990年代以降の物価上昇率の低下は、情報通信技術（IT）の発展や新興市場国の発展等が寄与したとみるべきであろうし、その枠組みは後にみるように金融危機を防げなかったわけである。それはともかくとして、労働党政権の誕生とともにBOEが独立性（政策手段）を獲得したことは、その歴史において非常に大きな出来事であったといえるであろう。

(2) 2000年金融サービス・市場法と金融サービス機構（FSA）

BOEの独立性獲得は、その銀行監督権限の分離とのバーターとみなすことが可能だが、ブレア労働党政権は金融機関の監督機構・体制の大改革を断行した。前述のとおり、シティに法律の枠をはめるものとしての1986年金融サービス法は、シティの伝統を配慮した自主規制を重んじるものであった。しかしながら同法施行後のイギリスにおいては、個人年金の不正販売問題、ブルーアロー事件、マックスウェル事件（オーナー経営者による企業年金基金の詐取)、BCCI事件、ベアリング事件等の金融サービス業関連の不祥事が続いていた。そして、それらは当時の規制体制の不備に由来するのでは、という批判が高まってきていた。

一方で、1990年代には従来的な金融機関の分業体制の崩壊が急速に進展した。その１つの例は、相互組織の貯蓄金融機関であった住宅金融組合の銀行（株式会社）転換である。これは1986年住宅金融組合法で認められていたものであったが、この転換規定を利用して銀行に転換を表明したのは、1980年代においては当時の業界2位のアビーナショナル住宅金融組合（現サンタンデール）のみであった。それが1990年代、特に1997年には最大手のハリファックス住宅金融組合（現ロイズBG）を含めた大手の住宅金融組合のほとんどが銀行に転換し（そのうちの1つが2007年に破綻したノーザンロックであった。第3章参照）、相互組織の住宅金融組合のシェアは急激に低下することとなった。

住宅金融組合の銀行（株式会社）転換の理由には、大手商業銀行による合併への恐怖感（住宅金融組合法の規定では銀行転換後5年間は買収されないこととなっていた）、住宅金融組合の市場性資金吸収の制限を不自由と感じていたこと、また相互組織のメンバー（顧客）が株式会社（銀行）転換の際に受け取れる株式に魅力を感じ転換を求めたこと等が影響していた。

このほか、スーパーマーケットや保険会社等が子会社形態で銀行業務に新規参入する一方で、銀行の側でも保険業務への進出を行った。さらには外国の金融機関によるマーチャントバンク等の買収も相次ぐこととなった。このような状況は、従来型の個別の監督機関ないし自主規制機関が縦割りで金融サービス業者を規制する体制の限界を指摘する声が強くなることにつながっていった。

ブレア政権では、BOEの独立性を認めたのと同時期に、BOEの監督部門および住宅金融組合の監督機関であった住宅金融組合委員会等を証券投資委員会（SIB）に統合する計画を発表し、新監督制度のプランづくりをSIBに指示した。これを受けてSIBは1997年7月に「金融システムの改革」と題するレポートを財務大臣に提出した。このプランに基づき、SIBは1997年10月に金融サービス機構（FSA）と改称され、すべての金融サービス業の監督機関の統合が開始された。

このFSAの設立および監督機関の統合は、2000年金融サービス・市場法の成立以前に完了した。1998年6月の1998年イングランド銀行法の施行時においては、BOEの銀行監督の機能がFSAに移管され、職員も移籍した。また、旧SIB傘下の自主規制機関（SRO）の職員についてもFSAに移籍した。1998年12月にFSAは、1999年1月より住宅金融組合および友愛組合関係の監督機関の規制・監督関連業務について行うことを発表し、住宅金融組合委員会等から職員がFSAへ移籍している。

(3) 「自主規制」から「法に基づく規制」へ

こうしてFSAへの金融サービス業の規制・監督機能の実質的統合が完了したわけであるが、これは2000年金融サービス・市場法の施行を先取りして行われたところがイギリスらしいところである。この法律は、これまでのイギリスにおける金融サービス業に対する規制体系を大きく変える内容を有するものであった。それは、それ以前のシティの伝統に配慮した「法的な枠組みのなかでの自主規制機関による規制」から「制定法に基づく規制システム」への転換であり、FSAはその中核に位置する統一的金融サービス業の規制・監督機関とされたのである。

単一規制・監督機関FSAの誕生により、それと財務省・

BOEとの間で責任分担の変更が行われた。3者は1997年10月に「財務省、イングランド銀行、金融サービス機構の関係についての覚書」を発表した。同覚書は、日常業務として、①FSAは銀行、住宅金融組合、保険会社等の認可と監督、②財務省は規制・監督に関する全体的な制度構築および法制化、③BOEは金融システム全般の包括的な安定性の確保にそれぞれ責任をもつという指針が提示されたものであった。FSAは、財務省およびBOEの専管事項には関与できないが、その独立性については確認された。

(4) 2000年金融サービス・市場法の成立過程

FSAへの金融サービス業の規制・監督機能の実質的統合を最大の目的とし、「制定法に基づく規制システム」への転換を目指すための、金融サービス・市場法案は、まず1998年7月に草案が公表された。同草案は、220以上の業者および関連団体(消費者団体を含む)からのコメントを受け付けた。また、財務省は草案公表と同時に政令案等についても公表した。

パブリック・コメントを受け、上下院の合同委員会における事前検討も行われた後、金融サービス・市場法案は1999年7月17日に下院に提出された。同法案が第3読会を通過したのは2000年2月9日であり、翌日には上院に提出された。上院の修正を受けて下院に戻されたのが6月5日であり、6月12日に同法案は最終的に議会を通過し、6月14日に女王の裁可を得て成立した。

この2000年金融サービス・市場法は「最も審議期間が長く、

図表1－2　2000年金融サービス・市場法の構成

編	項目（条文）
1	規制機関（1-18）
2	規制業務および禁止業務（19-30）
3	認可および適用免除（31-39）
4	規制業務を営む許可（40-55）
5	規制業務の遂行（56-71）
6	公式上場（72-103）
7	事業譲渡の統制（104-117）
8	市場不正行為に対する制裁（118-131）
9	聴聞会および不服申立て（132-137）
10	規則およびガイダンス（138-164）
11	情報収集および調査（165-177）
12	認可業者に対する支配（178-192）
13	参入業者：機構による介入（193-204）
14	懲戒措置（205-211）
15	金融サービス補償制度（212-224）
16	オンブズマン制度（225-234）
17	集合投資スキーム（235-284）
18	公認投資取引所および清算会社（285-313）
19	ロイズ（314-324）
20	専門職団体のメンバーによる金融サービスの提供（325-333）
21	相互組合（334-339）
22	監査人およびアクチュアリー（340-346）
23	公的記録、情報公開および協力（347-354）
24	支払不能（355-379）
25	差止命令および原状回復（380-386）
26	通知（387-396）
27	違反行為（397-403）
28	雑則（404-416）
29	解釈（417-425）
30	補則（426-433）

s 1	金融サービス機構
s 2	規制業務
s 3	EEAパスポートの権利
s 4	条約上の権利
s 5	集合投資スキームにかかわる者
s 6	許認可条件
s 7	第6編により適格機関である機構
s 8	第6編に基づく機能の移管
s 9	非上場目論見書
s 10	補償：適用免除
s 11	証券の申込み
s 12	譲渡スキーム：証書
s 13	金融サービス市場不服申立審判所
s 14	競争委員会の役割
s 15	情報と調査：関係者
s 16	公正取引庁長官による禁止および制限
s 17	オンブズマン制度
s 18	相互（組合）
s 19	競争情報
s 20	修正
s 21	経過規定
s 22	廃止条項

（注）「s」は付属規定を表す。

最も多く修正された法律」と当時においてはいわれていたが、その構成は全30編（433条）および22の付属規定からなっていた（図表1－2参照）。草案と法律とは大きく異なっているが、法律においては新たに第7編（事業譲渡の統制）および第20編（専門職団体のメンバーによる金融サービスの提供）が付け加えられた。

2000年金融サービス・市場法は、85の政令を制定する権限を財務省に与えており、FSAに完全な規制権限を与えるためには少なくともこのうちの55が必要であった。これらの政令の制定が終了したのは2001年春のことであった。またFSA規則については2000年中に正式に決定された。

(5) FSAの位置づけ

この2000年金融サービス・市場法のもとで、FSAは同法が規定する目的に矛盾しない、最も適切であると考えられる行動をとらなくてはならないとされていた。その目的とは、①市場の信頼性の維持、②公衆の啓蒙、③消費者保護、④金融犯罪の減少である。単一規制機関としてのFSAには、これらの目標を達成するために必要な規定を設ける権限や、その規定を業者が遵守することを確実にするための介入・制裁権限が与えられていた。これらの権限のうち、多くは金融サービス法体制下の権限と同様のものであったが、同法に基づく新たな権限としては、市場に対する不正行為(たとえばインサイダー取引であるとか相場操縦)をなした者に対する制裁権限が与えられたこと、および、金融サービス業関連の上場審査権限が与えられたことがある。

また、2000年金融サービス・市場法においては、認可業者と認可免除業者以外は、イギリス国内において「規制対象業務」を行ってはいけないこととされている。この一般禁止規定に違反したものは有罪となり、刑事罰を受けるが、この構造は金融サービス法と同様のものである。ただし2000年金融サービス・

市場法においては、業者は自主規制機関からではなくFSAから直接に認可を受けるというのが異なる点であった。

同法における「規制対象業務」とは、金融サービス法における「投資業務」より広い概念であり、「預金の受入れ」等が加えられていた。これは単一規制機関としてのFSAが新たに預金受入機関である銀行および住宅金融組合をも規制対象に加えたという同法の最大の特徴を反映したものとなっていた。このことも影響し、金融サービス法の目的は「投資家保護」であったが、2000年金融サービス・市場法の目的はより広く「消費者保護」とされたのであった。

ただ現時点でFSAの目的をみるならば、それは「業者の不正行為から消費者を守る」という観点のみが強調され、「金融システムが混乱しないようにする」「混乱した際にどのように対処するのか」といった観点は希薄であった。金融機関の資金繰りをモニターできる中央銀行（BOE）にもう少し金融システムの安定に関する役割を担わせてもよかったのではないかと思われるが、統一的な規制・監督機関ということで、BOEにはこの面での積極的関与はできない体制とされた。これは1860年代以来、本格的な金融恐慌を経験せず、銀行業等の集中度が高い金融システムであったことが影響したように思われる。それが同法における「消費者保護」の規定にもよく表れていたのであった。

4 不十分であった預金保険制度

(1) 2000年金融サービス・市場法における消費者保護

2000年金融サービス・市場法においては、その目的が「消費者保護」とされていたわけであるが、そこにおける具体的な消費者保護の仕組みは以下のとおりであった。

まず金融サービス法においては、投資広告と不招請の勧誘（顧客の依頼によらない戸別訪問、電話等による一方的勧誘）とを区別して規制していた。すなわち、投資広告については、原則として認可業者の委託を得た者のみが行うことができ、これに違反した場合には刑事責任や民事責任が科せられた。また不招請の勧誘は原則禁止されており、違反者には民事責任が科せられた。

これに対して2000年金融サービス・市場法では、投資広告と不招請の勧誘をともに金融営業活動として統一的に規制することとしていた。これは、インターネット等による取引技術の進歩により、両者の区別がしにくくなったことによる。認可業者の委託を得た者を除いて、投資行為への勧誘、もしくは直接・間接に投資行動を促す意図をもつ（あるいは意図をもつと合理的に推測される場合も含む）情報提供、伝達する行為は禁止され、違反した場合は刑事責任が科せられる。また、これに反して締結された契約は顧客に対して拘束力をもたず、さらに顧客は当該契約に基づき譲渡した金銭等の返還請求権および損失補償・損害賠償請求権を有する。ただし、当該伝達行為が顧客に影響を与えなかった場合、誤解を招くようなものではなかった場合、もしくは契約の履行を求めるものによってなされたものではない場合等には、これらの権利は生じないこととされていた。

(2) オンブズマン制度の統合

2000年金融サービス・市場法体制においては、FSAは「消費者保護」に関連して、ディスクロージャーおよび消費者教育等の重要性を強調している。後者に関しては、消費者相談所の解説やwebサイトの利用等が行われているが、これには時間を要することも認識されていた。そこで、同法においては単一のオンブズマン機構（従前8機構が分立）および補償機構（従前5機構が分立）の創設、さらには単一の不服申立審判所の創設が規定されていた。ただし、この体制は以下でみるように、金融システム全体が危機に陥るといった想定のもとに構築されたものではなかった。

2000年金融サービス・市場法は、当然のことながら、金融サービス業関連の不祥事の根絶を予想したものではなかった。また、業者の側に落ち度がない場合でも、顧客との間でトラブルが発生するケースもあると認識していた。損害等を被った顧客や業者との間でトラブルが発生した顧客にとって、業者等を訴追することは可能であるが、それに要するコスト・時間は膨大なものとなることも考えられる。このため業者と顧客（消費者）の間で利害が対立した場合には、コストがそれほどかからず、迅速・非公式で、かつ効率的な紛争解決手段が必要とされる。同法は．このような要請に応えるものとしての統一的なオンブズマン制度を規定していた。

それ以前においても、金融機関別ないし監督機関別に銀行オンブズマン等の８つの独自のオンブズマン制度ないし仲裁制度が存在していた。しかしそれらのスキームにおいては、制度ごとに個別のスキームが存在し、機能の重複があったり、業者の制度への参加が任意となっているものがあったりしたため、いずれのスキームにも参加していない業者が存在したなど、消費者にとって煩雑でわかりにくい体制であった。

同法では、消費者の混乱を避けるために、従来の８つの制度を単一のオンブズマン制度（金融サービス・オンブズマン）に統合するとともに、認可業者の参加を強制した。新オンブズマン制度は300人以上の職員を要することとされた。消費者は、紛争に対する認可業者の内部処理に納得できないときはオンブズマン制度に紛争処理・解決を委ねることができ、その場合、業者はオンブズマンの調査に協力しなければならない。調査の結果、オンブズマンが消費者に有利な決定を下した場合には、業者はその決定に拘束され、業者が裁判に訴える道は閉ざされている。一方、消費者側はその受入れを選択できるし、裁定に不満の場合は裁判に訴える権利が留保されている。なお、オンブズマン制度の費用はすべて業者により拠出され、消費者は無料で紛争解決に臨むことができる。

また、金融サービス業者と消費者との紛争は必ずしも認可業者が規制対象業務を行った場合のみに生じるわけではない。認可業者が規制対象業務外の業務を行った場合や、消費者が非認可業者と取引した場合にも紛争が生じうる。本来、こうした場合は、他の管轄行政機構もしくは司法機構に処理が委ねられるべきとも考えられるが、消費者はオンブズマン制度による迅速で柔軟な解決処理のメリットを享受できるよう、同法はFSAがこれらのケースにもオンブズマン制度の管轄を拡大できるよう定めている。

(3) 補償制度の統合

金融サービス業者が支払不能に陥った際に、消費者のためにセーフティーネットが準備されていることは、消費者保護にとって重要である。1986年金融サービス法のもとにおいては、投資家補償制度（ICS）があり、プロを除くすべての投資家に対し4.8万ポンドを上限として、債務不履行関連の支払を行うこととなっていた。

なお、イギリスにおいて預金保険制度が設立されたのはアメリカ（連邦レベルでは1933年）や日本（1971年）よりも遅く、1979年銀行法に基づき預金保護委員会（DPB）が1981年に設立された。イギリスの制度は少額の預金者にも負担を求め、全額を補償しない（上限1万ポンドでその75%の支払）という特徴を有していた。この補償限度は1987年銀行法により2万ポンドに引き上げられ、補償割合も90%まで引き上げられた。

この預金補償制度等の種々の金融サービス業関連の補償制度（全7制度）も2001年12月には、2000年金融サービス・市場法体制下で単一の補償機構である金融サービス補償機構（FSCS）に統合された。

(4) 預金等サブスキームの概要と特徴

FSCSは、当初は①預金等、②保険、③投資関連の3つのサブスキームに分かれていた。以下では預金等の補償サブスキームについて設立時の概要を紹介することとするが、それは従前の思想、すなわちそれを非常に限定的なものにとどめるという考え方が受け継がれたものであった。そこには制度について、大手金融機関の破綻は想定せず、さらにそれらの負担をできる限り軽減するという方針であり、DPBへの強い影響力をもっていたBOEの考え方を反映したものでもあった。

【対象金融機関】

① 2000年金融サービス・市場法に基づき免許を取得したイギリス国籍の銀行(その他欧州経済地域(EEA)内の支店を含む)

② イギリス国外EEA域内の銀行でイギリス国内支店において受け入れた預金につき、その母国の制度による補償に加えての補償を望む銀行

③ EEA域外の国籍の銀行のイギリス国内支店

④ 住宅金融組合

なお、2002年7月に信用組合が同制度へ加入した。

【保護対象預金】

① 通常の銀行取引において受け入れられたすべての通貨建て預金

② 信用機関により発行された証券形態の負債

③ 資本的性質をもたない住宅金融組合の出資金

【保護対象となるための条件】

① 金融サービス機構（FSA）がイギリス国内での規制対象業務としての預金の受入れを認めた業者の受け入れた預金であること

② イギリス国内で受け入れた預金もしくはEEA域外国籍の金融機関のイギリス国内支店がFSA認可により受け入れた預金であること

【保護対象とならない預金等】

① 信用機関が当該機関の資本金の一部を構成するものとして発行した債券

② 担保預金

③ 住宅金融組合の劣後出資金

④ 無記名預金

⑤ FSCSのスキーム・マネージャーがマネー・ロンダリングに関係していると認定した預金

【保護対象預金者】

① 個人および小規模企業・一部トラスト

【保護対象とならない預金者等】

① 大規模企業等

② 中央政府、地方公共団体等

③ 金融機関の関係者等

【補償限度額】

2,000ポンドまでは全額保護、それを超える3万3,000ポンドまでは90％が支払限度（計3万1,700ポンドが上限）

2,000ポンドまでは全額保護としたのは、預金者の実態を調査した結果、平均的な所得レベルの家計が通常保有する預金額が1,200～1,500ポンドで、平均的な所得の人々の日々の生活のための預金は全額保護すべきであるという検討結果に基づいたものである。また、それ以前の制度（DPB）では補償限度が2,000ポンドの90％であったが、物価上昇等を考慮し新しい限度額が定められた。なお、補償されるのは元本（元加利子を含む）のみであるが、スキーム・マネージャーが適当と判断した場合には利息相当分が別枠として支払われる。ただし、この利子率は大手銀行のベースレートを超えてはならないと規定されていた。

【制度への拠出金】

FSCSの運営、補償支払にかかる費用はすべて認可業者が負担し、その費用は賦課方式により徴収される。したがってFSCSには基金残高という概念は存在しなかった（存在したとしても一時的なものという位置づけ）。ただし預金サブスキームについては、DPBからの基金移転が93億ポンド程度あった。

認可業者が負担する費用は、基礎費用（特定の債務不履行に結びつけられない役員報酬等の費用）、補償費用（特定の債務不履行案件について実際に支払う補償額）、設立費用（FSCSの設立にかかわる費用）および年金関連費用に分かれていた。なお、補償費用に関しては、預金等のサブスキームについては各銀行等の負担限度が保護対象預金等の0.3％とされていた。この負担限度は回収金が配当されることを勘案しての累積負担限度とされていた。

(5) イギリス預金補償制度の特徴と限界

以上、イギリスの預金補償制度について概要を紹介したわけであるが、これはアメリカや日本の預金保険制度と比べてユニークなものである。これは1981年に設立されたDPBにおいて、それがきわめて限定的な制度として構築されたことも影響していた。

DPBにおいては、アメリカ等の預金保険制度のように年率保険料という考え方は採用されなかった。まず基金残高を決め、それから各金融機関の最低拠出金額と最高拠出金額を決定し、そこから設立当初の拠出金額を決定するという方式とされた。そして追加拠出については、基金残高が一定程度を下回った場合等にのみ行われる制度設計とされていた。これは基本的に大規模金融機関の破綻は想定せず、大規模金融機関の拠出負担をできる限り少なくしようという意図からのものであった。

さらに、1986年住宅金融組合法に基づき設立された住宅金融組合の預金（出資金）補償制度においては、補償費用は事後的に徴収するという賦課方式が採用され、基金はもたないこととされた。これは住宅金融組合においても合併等により集中化が進んでおり、大規模組合の破綻が想定されていなかったことによる。これが、FSCSの預金サブスキームにおいて基金をもたず、賦課方式による資金調達が採用された理由であった。

このようにイギリスの預金補償制度は、大規模金融機関の制度の拠出を抑えるための種々の工夫がなされていたわけであり、制度を限定的なものとするという姿勢が明確であった。したがって、制度の存在により大口預金者の動揺を抑えるという発想は存在しなかった。補償限度内においても預金者に一定程度の負担を求めるという発想は、原理的には預金者の行動による規律という意味はあるものの、危機の発生の経過をみるならば実際的ではなかった。制度の前提は、もし仮に大規模金融機関の破綻があった際には、別途の方策がとられるであろうということであった。

実際、DPBの設立以降も、ジョンソン・マッセイ銀行やベアリング・ブラザーズは制度とは関連せずに処理された。これは金融に関するセーフティーネットのうち、預金保険制度は通常は事後的なものとして分類されるという、まさにその典型として制度が設計されていたということである。つまり、銀行が破綻しても少額預金者が損害を被ることがないようにするための事後的な制度がそれである、ということである。

しかしアメリカや日本においては、それはいわば建前で、預金保険制度は実際には事前的破綻防止の制度を色濃くもつ制度となっている。資産が健全な銀行は、通常は流動性リスクを心配する必要はないのであるが、銀行はバランスシートの構成上、負債の預金に対応する流動資産を保持しているということはない。銀行において流動性リスクが顕在化するのは、預金保険制度が本来的に保護対象としている少額預金者ではなく、大口預金者が動揺した場合である。このため、アメリカや日本において預金保険制度は、実際には大口預金者の動揺を防ぐための制度として働かなければならない、という矛盾を抱えるものとして存在している。

イギリスにおいてはこのような矛盾は存在しなかったわけで

あるが、その限界は金融危機が発生すると露呈することとなったのであった。

(6) 預金補償制度とイングランド銀行

このように預金補償制度が構築されている場合、中央銀行の「最後の貸し手」機能等の事前的セーフティーネットの存在が大切となってくる。しかしながら、2007年のノーザンロック危機以前において、BOEがこれに真剣に取り組んだ形跡はみられない。それは1997年に独立性を獲得した際に、銀行等の監督機能をFSAに譲り渡したからであった。また、FSCSの設立以前のDPBはほぼBOEのコントロール下にあったといってよいが、この点についてもBOEのコントロール力は失われた。

BOEが中央銀行の銀行監督関連や信用秩序の維持関連の機能をあっさりと手放した（ようにみえる）理由が何であったのかはよくわからない。政府の方針に抵抗しても無駄と思ったのか、独立性の獲得が何よりも大切と思ったのかもしれない。

しかしながら中央銀行は、銀行等の資金繰りをリアルタイムでモニタリングできる存在である。繰り返しになるが、イギリスにおいて大規模破綻（特に預金取扱金融機関）がなかったことが、預金保険制度的な制度の軽視——破綻対応措置を事前に用意するのは無駄であるとの発想——となり、中央銀行の危機対応への関与を軽視するような方向への改革が行われたように思われる。

5 インフレーション・ターゲティングの枠組みのもとでの金融調節

中央銀行の機能としてあげられることの多い「政府の銀行」(ただし、政府への資金供給の意味ではなく、国債関連事務等の政府の事務の一部を行うこと)については、1997年に債務管理庁(DMO)が設立され、従来BOEが行っていた関連事務のかなりの部分がDMOに移管された。

BOEは、インフレーション・ターゲティングの枠組みのもとで、マクロ金融政策に専念する機関となったのであった。それではインフレーション・ターゲティング導入後の金融政策およびその経済への影響について、BOE自身はどのような評価を行っていたのであろうか。以下では、マーヴィン・キング前総裁が2002年12月(当時は副総裁)に行った「10年経過後のインフレーション・ターゲティング」(King〔2002〕)、および2012年10月に行った「インフレーション・ターゲティングの20年」(King〔2012①〕)という2つの講演の内容を紹介しつつ、今次危機を経過してその評価がどう変化したのかについてみることとしたい。

ちなみに、この2つの講演はいずれもロンドン・スクール・オブ・エコノミクス(LSE)において行われた。

(1) インフレーション・ターゲティング:10年後時点の評価

2002年の講演においてキングは、1992年のインフレーション・ターゲティングの導入以降、イギリスはそれ以前より物価安定を達成し、そのボラティリティも縮小したと誇らしげに語っていた。そして金利もそれ以前より安定し、経済成長にもプラスに働いたとしている。そして、金融政策がよりシステマティックで予測可能なものとなってきたことを評価している。また、低インフレ下においては、相対価格変化も少ないとしている。

ただし、キングはインフレ率低下の要因について、サービス部門の増加や企業の在庫管理技術の向上についても、その要因としてあげている。当然のことながら、インフレーション・ターゲティングによりインフレ率が低下し安定したという議論は、国際比較をするならば受け入れられるものではない。一例として、インフレーション・ターゲティングを導入していなかったこの時期の日本において、インフレ率はイギリスよりも低く安定していたことをあげれば十分であろう。

それはともかく、キングはこの講演において、高インフレとシリアスなデフレではどちらが害は大きいか、という議論をしている。インフレの例として、1920年代のヨーロッパのハイパーインフレや近年のラテンアメリカ諸国をあげ、それが経済的・社会的編成を阻害するとしている。その際に、レーニンの革命戦略としての「資本主義を破壊する最良の方法とは、その通貨を破壊することである」との言葉を紹介している。

その一方、デフレについては、19世紀後半のイギリスや1930年代のアメリカの経験ではなしに、3世紀に通貨改革を行ったローマのアウレリアン皇帝（デフレを行ったことにより暗殺された、とケインズがいったとされる）について、長期的には成功したものの、短期でみれば内乱に結びついたとしている。さらに債務デフレの悪影響（需要を減退させる）についても関説している。

ここで注目されるのは、この時点において1990年代の日本についての言及があることである。ただし、日本における消費者物価の下落はシリアスなものではないとし、すべての中央銀行はシリアスなデフレを防ぐために努力しているとしていた。

そして、講演の終わりのほうでは、①インフレーション・ターゲティングのみで十分なのか、②現代におけるメインの恐怖はインフレではなくデフレではないのか、という２つの疑問を提示していたことも注目される。

①の論点は、資産価格をどう取り扱うべきか、ということであり、資産価格における均衡価格はわからないことから、金融政策（短期金利の上昇）での資産価格への影響力の行使については否定的な見解を披露していた。低インフレのもとでの名目金利の低下を、家計等が実質金利の低水準と勘違いし、投機的行動に走ることへの懸念は表明しつつも、インフレーション・ターゲティングは十分であると結論づけていた。

②の論点については、先進国においては生産性の上昇により財価格の上昇率は低いかマイナスになる一方、サービス価格はより高い上昇率となっている傾向はあるが、Ｇ７諸国においてデフレは、日本以外は差し迫った問題ではないとしていた。総体としてこの時点でのキングの講演は、10年間の実績を誇るものとなっていたのであった。

⑵ インフレーション・ターゲティング：20年後時点の評価

当然のことではあるが、今次危機を経験した後の2012時点におけるキング（この時点では総裁）の講演は、10年前の自信に満ちたものとは異なっていた。たとえば、「15年間の明らかな成功の後の5年間の金融危機および世界経済の混乱は、インフレーション・ターゲティングの妥当性についての深刻な疑問を提示してきた」とか、「現在の危機は、物価の安定だけではより一般的に経済の安定のためには十分ではないということを如実に示してきている」等の発言をしなければならないようになってしまったのであった。

さらに、それ以前の金融政策運営において依拠してきたニューケインジアン・モデルの妥当性について疑問を提示し、インフレーション・ターゲティングだけでは金融政策運営は十分ではないと認めた。そして、結論的にはマクロ・プルーデンス政策[1]の必要性に触れ、BOEの組織として新たに制定された金融監督政策委員会（FPC：詳しくは終章参照）への期待をするといった内容となっていた。

キング前総裁は、非伝統的政策としての量的緩和政策に踏み込まなければならなかったわけであるが（詳細は、第3章および第4章参照）、先取り的にいうならばその効果はない状況で、

1　金融システム全体のリスクの状況を分析・評価し、それに基づいて制度設計・政策対応を図ることを通じて、金融システム全体の安定を確保する政策。考査やオフサイト・モニタリングといった活動を通じて、個々の金融機関の健全性を確保するミクロ・プルーデンスと対置される。

しかも退任前の5回のMPCにおいて、連続で量的緩和の拡大提案を多数決で否決されるという状況のなかで、2013年6月をもって退任せざるをえなかったのである。

それはともかくとして、1992年のERM脱退後のインフレーション・ターゲティングの採用後は、BOEの金融調節の基本は短期金利の調節とされ、種々の市場整備が実施された。そこにおける平時の金融調節の姿をみることは、金融危機後のそれの姿がいかに平時とは異なる危機モードのものであるかを確認するためにも重要であろう。第2章では、平時のBOEの金融政策・調節の姿を確認することとしたい。

第2章

平時の金融政策・調節の姿

1　2006年5月の金融調節方式変更の概要

(1)　銀行が準備額を決定する準備預金制度

イギリスの中央銀行であるイングランド銀行（BOE）は2006年5月に金融調節方式の変更を行った。その目的としては、次の4点があげられている。

① オーバーナイトの市場金利がBOEの公定レート（1週間）と整合的に形成されること

イールドカーブはフラットで、日々・日中の変動もあまりないほうが望ましい。

② 銀行組織の流動性管理のための効率的で安全かつフレキシブルな枠組み

通常時においても、混乱時においても、競争的な短期金融市場とそれが適切な場合には中央銀行通貨が使用できること。

③ 簡素でわかりやすく透明な運営上の枠組み

④ 競争的で公平なポンド建て短期金融市場

具体的な枠組みは、完全後積み方式の準備預金制度の新規導入であり、それには付利され、準備額も対象金融機関が任意で設定できるという点が特徴である。これにより、BOEはマクロ的な準備需要の予測をより高い精度で行うことができるようになった。

この準備預金制度は付利されることから、レギュラトリィ・タックス（規制が税金のように負担となること。預金保険料もこのように評価されることがある）ではなく、制度設計から準備率操作という概念も消失している。存在するのは準備預金制度という枠組みである。そして、その枠組みのもとにおいてBOEが過不足なく資金を供給するということになっている。またこの制度においては、超過準備にもペナルティが科されることにより、量的緩和は実行がほぼ不可能な制度設計となっている。

政策金利は準備預金への付利金利であるが、これを期間1週間のレポオペ（現金担保付国債借入オペ）の適用金利としていることから、BOEは期間1週間の金利の決定権限を有している。そして、ペナルティレートおよびスタンディング・ファシリティ（金融機関からの申込みに応じて、あらかじめ定めた金利で短期の資金貸出や預金受入れを受動的に行うもの）の金利により短期金利の上下限が画されるという制度のもとで、オーバーナイトレートはほぼこれと同水準となるように調節されてきていた。

資金供給の中心は短期レポオペであるが、銀行券の対応資産として長期資産の割合を増やしてきており、その流れを維持するようにしている。ただし、国債（ギルト債）のアウトライトオペ（買戻しまたは売戻し条件のつかない方式のオペ）について、BOEはこの段階では非常に慎重な導入方針をとっていた。危機後においては、BOEは大量の国債購入を行っているわけであるが、これについては第4章で詳しくみることとする。

日米およびヨーロッパの中央銀行による金融調節の枠組みは、危機以前の段階において似通ったものとなってきていたが、2006年のBOEの金融調節方式の変更は欧州中央銀行（ECB）の調節方式を意識し、それとの類似性の強い方式となっていた。

これがいわば平時の金融調節方式であったが、2007年9月のノーザンロックの流動性危機以降の金融政策・金融調節は危機モードのものとならざるをえなくなった。その状態は本書の出版時点まで継続しているわけであるが、本章においては現時点の金融調節の姿がいかに異常で、非伝統的・非正統的であるといわれるかを確認するために、平時におけるその方式について確認することとしたい。

(2) 日本銀行による異例な金融政策

日本銀行は、非正統的な金融政策の実施という面では世界に先駆けて実施してきた。また、フォワード・ガイダンスという手法（時間軸政策）についても同様である。1999年以来、ゼロ金利政策、量的緩和政策、包括緩和政策ときて、ついに2013年4月の異次元緩和（量的・質的緩和）の実施へと展開してきているのである。

日本銀行の2001年からの量的緩和政策は、結局さしたる効果をあげることなしに終了したが、その本質は超過準備ターゲティングであった。そもそも超過準備を積み増すことになんらかの意味があるとの考え方自体おかしかったわけだが、そうした議論は一般的なものとはならなかった。また、量的緩和はもしそれが準備率の引上げによって行われたのであれば、教科書的には引締政策であり、準備率制度・準備率操作というのは何であるかが問われなければならないようにも思われる。

量的緩和政策の終了後に公表された日本銀行企画局の論文（日本銀行企画局〔2006〕）によると、日米およびヨーロッパ（ユーロエリア・イギリス）の中央銀行による金融調節の基本的枠組みは似通ったものとなってきており、①法令または契約に基づく中銀当座預金の積立制度、②公開市場操作および③スタンディング・ファシリティからなっているとしている。つまり、①により準備需要を安定的で予測可能なものとしたうえで、主として②によりマクロ的な資金過不足の調整を行うとともに、あらかじめ定められた金利で短期の資金貸付や預金受入れを行う③により短期金利の上下限を画することで政策金利の水準と整合的な短期の市場金利を誘導する、という枠組みとなってきているというのである。

これには金利自由化が進展し短期金融市場も整備されるという条件が必要なわけであるが、それはともかく、この枠組みにおいて重要とされるのは短期金利のコントロールであり、ベースマネー・コントロールではない。これに関連して、あのマッカラム・ルール[2]を唱えたベネット・T・マッカラムまでもが、「（金融経済学における意見の）不一致の一部は、M１やマネタリー・ベースといったマネタリーな変数を含まないモデルに依拠して金融政策分析を行うという、有力な金融経済学者の最近の傾向に起因するものであろう。もちろん、こうした研究者の傾向は、多くの先進国の中央銀行の実際の政策運営を反映し

2　目標とする名目経済成長率を達成するには、中央銀行はどの程度のマネタリー・ベースを供給する必要があるか、を算定する方法。

ており、論点のいくつかは実践的にも重要でありうる」（マッカラム〔2004〕40頁、下線は筆者）と近年の中央銀行の政策運営の実際の姿を認めているのである。

(3) 2006年以前のイギリスにおける短期金利の決定方式

ところでイングランド銀行（BOE）は、2006年5月に金融調節方式の変更を行った。それは欧州中央銀行（ECB）の方式と似通ったものであり、上記の基本的な枠組みによるものとなった。従来のイギリスにおいては通常の意味での準備預金制度は存在しなかった。対象債務のごく一部をBOEの無利息の凍結勘定に預け入れることを義務づける制度（CRD：Cash Ratio Deposit）はあったが、これは金融調節のための仕組みではなく、市中銀行がBOEの運営費を捻出するための仕組みであると説明されてきた。凍結勘定という意味が日本でこれまで正しく理解されてきたかは疑問があるが、市中銀行はCRDとは別に準備預金制度がないとしても決済のための残高をBOEに積む必要があった。

このいわば同時積み的な制度は、たとえばマネーサプライ論争時に望ましいといわれることもあった。それは、追加的準備供給を求める議論に対して、日銀エコノミストが現行の後積み方式の準備預金制度のもとではそれはできない、ないしは無意味であると主張していたからである。超過準備を供給すれば短期金利がゼロとなることおよびそうした調節が無意味であることは、ゼロ金利政策、量的緩和政策の実施により実証されてしまった。

それはさておき、マネーサプライ論争の一方の当事者であった翁邦雄は当時のイギリスの金融調節について、以下のとおり説明していた。

「通常の準備預金制度が存在しない英国の金融調節についての実務家の理解は以下の通りである。すなわち、英国の銀行はその決済に用いるOperational Deposit（OD）を、最小化するべく努めており、その保有率は、バランスシートの規模や金利ではなく、予想される純決済額に依存する。従って、OD市場における資金需要は高度に金利非弾力的である。BOEは、OD市場の資金需給を不足に追い込むのではなく、そこでの「BOEの与信態度」（“terms on which it makes them available”）を通じて金利に影響を与えており、金利がBOEの意向と独立に「市場」で決まることはない。こうした解釈によれば英国金融市場の金利決定メカニズムは、金融機関が金利非弾力的な決済需要に直面し、日々「積み最終日」におかれているというモデルで説明できる。つまり、準備預金制度を廃止した場合、量のコントロールというよりむしろ金利目標の方が前面に出ざるを得ないことになってしまう」（翁〔1993〕109頁）

これは、1996年に政策金利を期間２週間のレポオペ金利とする以前の状況についての説明であるが、同時積み制度の特徴をよく表現しているといえる。要するに、同時積み制度というのは中央銀行に金利決定力がある制度なのだということであろう。この状況から1996年の改革（依然として準備預金制度はない）、そして2006年の金融調節方式の変更となったわけであるが、この流れについてどうとらえたらよいのであろうか。本章では以下において、まずこれまで日本において必ずしも正しく理解されてこなかったCRDについて概観した後に、新方式による金融調節の体系およびその実態について振り返ってみることにしたい。

2 従来、準備預金制度と思われてきた制度

(1) CRD（Cash Ratio Deposit）

従来、BOEには通常の意味での準備預金制度はない、との説明がなされてはいた。過去には現金比率規制や特別預金制度、追加的特別預金制度（コルセット）があったが、それも金融引締めのために導入されるもので、きめ細かく金融調節を行うための枠組みとは若干異なるものであった。

一方、CRDについては、BOEの運営費用を捻出するための制度と説明されてきた。これについては若干の説明が必要であろう。

19世紀におけるピール条例以来、BOEの勘定は発行部（Issue Dept.）と銀行部（Banking Dept.）に分けられている。そして現在では、制度的に発行部の収益は国庫（Treasury）に納付されることになっているため、BOEの運営費を捻出するためには銀行部で収益を生み出すしかない。CRDは無利息の凍結勘定であるが、2006年の制度変更により通常の準備預金には付利されることとなったため、両者の違いが明確になることとなった。もっともBOEの利益金処分については、株主（国）への配当支払のほか、法人税の支払も行われている。

(2) CRDのレビュー

CRDについては、2003年に財務省によるレビューが行われた（HM Treasury〔2003〕)。それによると1998～2002年におけるBOEの年平均の運営費は1.9億ポンドであり、他方、手数料収入等は1.11億ポンド、CRDにより捻出が期待されているコストは0.79億ポンドであるとされている。

このレビューの結果、改定された現行制度の内容は以下のとおりである。まず料率は、対象債務（国内ポンド建て預金・CD等）の0.15％（ただし5億ポンドまでは0％、1998年12月以前は4億ポンドであった）とされている。具体的な計算方法は、対象債務の6カ月平残（11～4月、5～10月）×料率の額を6月、12月に積むこととなる。対象金融機関であれば、通常は6月および12月に積増しが要請され、これは無利息の凍結勘定であり、準備預金との出入りはないのである。

対象金融機関は、対象債務平残5億ポンド以上の銀行・住宅金融組合（外国銀行を含む）である。なお、1998年に最低対象債務を0.1億ポンドから4億ポンドに引き上げた際に250金融機関が対象から外れ、2003年6月時点での対象金融機関数は149であった。2003年12月からの変更では18金融機関が対象から外れた。

繰り返しになるが、このCRDは新方式により導入された準備預金制度とはその性格が異なるものである。新制度の導入は両者の違いをより明確にすることとなった。

3 新方式による金融調節の体系

(1) 2006年以前の金融調節方式の概要と問題点

それでは、2006年の方式採用以前のBOEの金融調節の概要はどのようなものであったかについて、そこにおける問題点とともにみてみることとしたい。

BOEは1996～98年にかけて、金融調節方式の大幅な変更を行った。政策金利を、それ以前の最低貸出金利（MLR）から2週間のレポオペに適用する金利とすると公表したのである。国債（ギルト債）のレポ市場の育成はそれ以前から図られていたが、レポオペの適格債券の範囲を拡大し、カウンターパーティーもディスカントハウスではなしに銀行・住宅金融組合・証券ディーラーとした。

旧制度では前記のとおり、通常の意味での準備預金制度はない。しかしながらBOEに決済勘定を有している市中銀行（決済銀行）は、決済のための預金残高を必要としており、営業日終了時点においてその残高をマイナスにすることは基本的に認められていない。BOEは、毎営業日において銀行券の発行超等を理由とするマクロ的な資金不足（場合によっては資金余剰）の金額を予測し、それについては過不足なく供給する（場合によっては吸収する）という各国中央銀行と同様の金融調節を行っていた。新制度においても、この点については変更があるわけではない。

BOEは、マクロ的な資金不足に対応しての資金供給は基本的に期間2週間のレポオペにより行い、このほかにTBや銀行手形等のアウトライトオペ（通常、期間は2週間以内）による資金供給も補足的に行われていた[3]。

この方式による金融調節については、2004年にBOEによるレビューが行われたが（Bank of England〔2004〕）、そこでは問

図表2－1　オーバーナイトレート（ポンド建て）のボラティリティ(a)

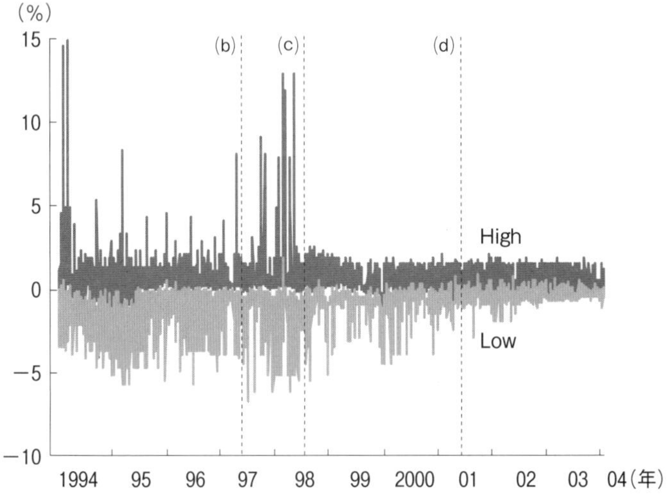

(a)　BOEが観察した日中の最高金利および最低金利（政策金利とのスプレッド）
(b)　ギルトレポオペの本格導入
(c)　貸出ファシリティの導入
(d)　預金ファシリティの導入
（出所）　Bank of England〔2004〕219頁

3　1996年の金融調節方式の変更についてはBank of England〔1997〕を参照されたい。邦語文献としては松浦〔2004〕がある。

題点として、制度が複雑であること等のほかに、オーバーナイト金利の政策金利との乖離幅およびボラティリティが大きいことがあげられていた。もっとも、この問題に対処するために1998年にはオーバーナイトの貸出ファシリティが導入され、さらに2001年にはオーバーナイトの預金ファシリティが導入された。このスタンディング・ファシリティの導入により、オーバーナイト金利のボラティリティはかなり縮小することとなっていた（図表2－1参照）。2006年の新方式の導入はこうした改革の流れの延長線上のものと位置づけられるものなのである。

⑵　2006年方式の目的とその3要素

BOEは新方式による金融調節の目的として本章の冒頭に示したように、「オーバーナイトの市場金利がBOEの公定レート（1週間）と整合的に形成されること」等の4点をあげていた。そして、そのねらいは期間1週間までの短期金利についてはBOEがしっかりとコントロールできるような枠組みをつくりあげること、そのためにBOEはマクロ的な資金過不足には機動的に対処するし、そのためのインフラストラクチャーとしての短期金融市場の整備も行う、ということであろう。

続いて、2006年方式の3要素について、同年5月にBOEが公表した文書（Bank of England〔2006①〕。以下「レッドブック」）をもとに検討することとしたい[4]。

①　準備預金制度

2006年の改革における最も大きな変更点は準備預金制度の導入である。しかしながらその制度は、金融論の教科書が中央銀行の金融調節として準備率操作を教えるのとは大きく異なっている。その意味では日本銀行企画局〔2006〕の用語どおりに「中銀当座預金の積立制度」と呼ぶほうが適当であろうが、ここでは英訳として「準備預金制度」という言葉を暫定的に使うこととしたい。

まず対象金融機関であるが、大口資金決済システムであるCHAPS（starling）およびCREST（starling）の決済銀行については強制的に、準備預金制度の適用対象とならなければならないこととなっている。このほか、前述のCRDの対象金融機関は適格であり、希望すれば対象金融機関となることができる。なお、同一グループにおいては一金融機関のみが対象金融機関となることができる。

準備預金の積み方式はいわゆる完全後積み方式で、積み期間はBOEの金融政策委員会（MPC：通常、毎月上旬の水・木曜日に開催）の結果公表日（木曜日）から次回MPCの結果公表日の前日（水曜日）までの約1カ月間である。ここで特徴的なのは準備率（額）である。それは、0から上限（10億ポンドか適格債務の2％の高いほう：グループレベル）の間であれば、準備額を1,000万ポンド単位で対象金融機関が自由に設定できることとなっている。対象金融機関は、積み期間の開始日の2営業日前までに、当該積み期間に適用される所要準備額をBOEに申

4　このレッドブックは2007年2月に一部の語句が修正され、それがBOEのホームページに掲載されている。本書の参考文献においては初出の2006年5月（調節方式変更の月）を文献の年度として掲載している。

告する。

完全後積み方式とはこのことをいっているわけであるが、ここにおいて準備率操作という概念はすでに消失してしまっているといってよいであろう。対象機関は積み期間において平残ベースで所要準備額を積むことを求められているが、制度上、上下１％の範囲の誤差は認められることとなっている。

この準備預金には付利されることとなっている。これによりこの準備預金制度とCRDとの違いがより明確になったといえる。また、この対象金融機関が準備率（額）を決めるという制度は、それに付利されるということもあり、いわゆるレギュラトリィ・タックスではないといえるであろう。なお、正確にいえば、MPCが決定する政策金利とはこの準備預金に対する付利金利のことである。後述のとおり、これが期間１週間の短期レポオペに適用されるわけであるが、MPCが決定するのはあくまでこの準備預金に対する付利金利なのである。

なお、対象金融機関が所要準備を達成できなかった場合というか、下方だけでなく上方にもターゲット・レンジから外れた場合には、政策金利による付利がなされないというペナルティが科される。これは未達成の場合だけでなく、超過準備を保有した場合にもゼロ金利となることで機会損失を発生させることにより、対象金融機関にターゲット・レンジを守るインセンティブを与えることとなっている（上方に外れた際にもペナルティを与えることの意味について、詳しくは第３章および第４章で説明する）。

この制度では、量的緩和政策のような超過準備ターゲティングは、少なくとも準備預金制度対象金融機関においては意味をもたない点が注目されるべきであろう[5]。基本的に各営業日の最終時点においてマイナス・バランスとなることは認められていないが、決済銀行が積み期間中に最終的にマイナス・バランスとなる日があった場合は、政策金利の2倍のペナルティレートが科されることとなっている。ただし準備預金の平残の計算上においては、当該日の残高はマイナスではなくてゼロとして取り扱われる。

② スタンディング・ファシリティ

このスタンディング・ファシリティは、上記の準備預金制度とは異なり、2006年にはじめて導入されたものではない。ただ、日本と異なるのは貸出ファシリティだけでなく預金ファシリティもあることであり（日本銀行が2008年9月に導入した「補完当座預金制度」は実質的に預金ファシリティとしての意味をもっている）、これにより事実上短期金利の上下限が画されることとなっている。

対象金融機関については、準備預金制度の対象金融機関はファシリティを当然利用できるが、それ以外の金融機関についても申請により利用可能となっている。

---

5 金利が低下しゼロ金利となった場合における量的緩和の可能性について、BOEのMPCのメンバーであるTuckerはその可能性を完全に否定してはいなかった。その方式としては今回の変更により可能となった国債（ギルト債）のアウトライトオペがあげられているが、このシステムのもとにおいて金融機関がどのように超過準備を保有するかについての説明はなかった。また、それは政府の債務管理と協調して行われるべきとしており、それはすでに金融政策を逸脱したものであることをこの時点で事実上認めていた（Tucker〔2004〕376頁）。

期間はオーバーナイトであり、そのレートは貸出ファシリティが政策金利＋100bp（政策金利が１％以下の場合はその２倍）、預金ファシリティが政策金利－100bp（政策金利が１％以下の場合は０％）とされている。なお、積み最終日についてはそれぞれ±25bp（政策金利が１％以下の場合、貸出ファシリティについては政策金利＋25bpか政策金利の２倍の低いほう）が適用される。

このスタンディング・ファシリティは、日中は大口資金決済システムであるCHAPSの決済最終時刻である16時20分まで随時利用が可能であり、その後の10分間（16時30分まで）については準備預金口座との間の振替えが可能となっている。詳しくは後述するが、このシステムは公開市場操作がMPCの開催日以外は午前中（10時）に行われることから、積み最終日は、決済銀行については午後の時間帯において準備預金残高を調整するかたちとなっている。

③　公開市場操作（OMO）

2006年の改革において大きな変更があったのは公開市場操作（OMO）による資金供給の行い方である。マクロ的な資金不足にはOMOにより過不足なく資金を供給するということに変わりはないものの、そのやり方は従前と異なるものとなった。

まず資金供給は、基本的にレポオペにより行われることとなった。レポオペには短期オペと長期オペがあるが、短期オペについては従来ほぼ毎営業日に期間２週間で実施されていたものを、2006年以降は週１回（通常木曜日）に期間１週間で行われることとなった（ただし、MPCの開催日程が変更になった場合はそれに対応して変更される）。なお、その際に適用される金利は政策金利（＝準備預金への付利金利）である。この短期レポオペは週次ベースの銀行券の増減等、BOEのバランスシートを変動させる外生要因（autonomous factors）を調節するものと位置づけられている。

実施時刻は通常午前10時であるが、MPC開催日はMPCの決定事項のアナウンスメントが正午に行われた直後の12時15分に行われる。これにより、積み期間中に政策金利の変更はないということになるし、MPCの開催日をまたぐ短期レポオペ（政策金利が適用される）での資金供給も行われないこととなる。これは、積み期間中に政策金利の変更が行われたり、変更日をまたぐ短期の資金供給が行われたりすることになると、積み期間中の金利変更を予測した銀行等が積みの進捗率を意図的に早めたり遅めたりすることにより、短期金融市場金利がボラタイルになってしまうので、それを防ぐという意味がある。

また、積み最終日にはオーバーナイトのファインチューニングオペ（実施は午前10時）が行われる。適用金利は政策金利であり、これはBOEの資金過不足予想が外れた場合に実施されるとの位置づけとされている。

一方、長期レポオペ（これは短期の１週間に比べて長期という意味であるが）については、月１回（中旬の火曜日、時刻は午前10時）実施され、期間は３、６、９、12カ月である。その際の金利は競争入札方式により決定される（以上のタイムテーブルについては図表２－２参照）。

こうしてBOEによる資金供給は基本的に短期および長期のレポオペにより行われることとなり、従来行われていたTB・

図表２－２　日中の金融調節のタイムテーブル

<table>
<tr><th></th><th>通常日
（OMOなし）</th><th>通常日
（OMO実施）</th><th>積み期間最終日</th></tr>
<tr><td>午前中</td><td>10：00
前日の準備預金額および当日の準備預金金額の予想を公表（総額ベース）</td><td>9：00
OMOのオファー額、当日の準備預金金額予想およびこれまでの状況（準備預金）を公表
10：00
短期OMO実施（MPC開催日は12：15）
長期OMO実施</td><td>9：30
ファインチューニングOMOのオファー額、当日の準備預金金額予想およびこれまでの状況（準備預金）を公表
10：00
ファインチューニングOMO実施
11：00
次の積み期間の準備預金のターゲット金額の公表</td></tr>
<tr><td>16：20</td><td colspan="3">CHAPSのインターバンク決済の終了時刻
スタンディング・ファシリティの利用終了時刻（準備預金との間の振替えを除く）
準備預金額を以後動かせない（スタンディング・ファシリティ利用を除く）</td></tr>
<tr><td>16：30</td><td colspan="2">スタンディング・ファシリティと準備預金との間の振替えの終了時刻</td><td>RTGSの決済銀行間の決済の終了時刻</td></tr>
<tr><td>16：40</td><td></td><td></td><td>スタンディング・ファシリティと準備預金との間の振替えの終了時刻</td></tr>
</table>

（出所）　Bank of England〔2006①〕27頁

銀行手形等のアウトライトオペについては行われないこととなった。しかしながらレッドブックにおいて、BOEは国債（ギルト債：コンベンショナル）および高格付外貨建て債券のアウトライトオペを行う計画である（後者についてはスワップ取引により キャッシュフローをポンドに変換）と表明した。

また、2006年5月15日にはBOEと債務管理庁（DMO）との共同ステートメントが発表され、今後3年間については年間10億ポンド程度の国債（ギルト債）のアウトライトオペを行う計画であるとされた。これはBOEの負債のうち最大のものである銀行券の対応資産として、それが安定的に増加していくものである以上、長期の資産が相応にあるほうが望ましいとの発想もあると思われる。

従前のBOEのバランスシートは、日銀券（銀行券）ルール（長期国債の保有額の上限を銀行券発行額とする）を自ら策定し、長期国債のより多くの保有を求める圧力に抗しなければならなかったかつての日本銀行とその構造が大きく異なっていたが、そこにおける長期国債等の長期資産の割合が従来より増えていくことが予想されてはいた[6]。金融危機はこうした予想とは大きく異なるバランスシート構造をBOEに強いることとなったが、この点については次章以降で詳しくみることとする。

以上、2006年方式の3要素についてみてきたが、当然のことながら中央銀行の金融調節は市中金融機関（カウンターパーティー）との取引により行われる。その構造をみたのが図表2－3であり、コアに決済銀行があり、準備預金制度対象金融機

6　このアウトライトオペについては、BOEは2006年7月にコンサルテーションペーパー（Bank of England〔2006②〕）を発表した後、同年11月に金融機関との協議を反映した基本方針を発表し、2008年1月以降実施している。

図表２－３　対象金融機関の概念図

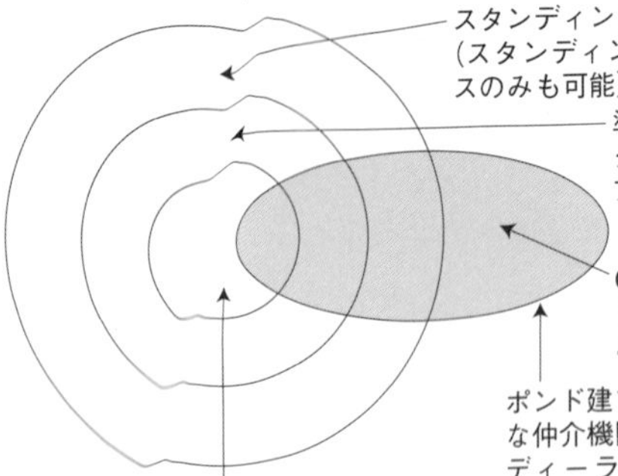

スタンディング・ファシリティ参加金融機関（スタンディング・ファシリティへのアクセスのみも可能）
準備預金制度対象金融機関（スタンディング・ファシリティへアクセスしなければならない）
OMO カウンターパーティー（OMO カウンターパーティーのみとなることも可能）
ポンド建て金融市場におけるアクティブな仲介機関（銀行・住宅金融組合・証券ディーラー）であればCRD対象金融機関外であってもよい
決済銀行（準備預金制度対象金融機関でなければならない）

（出所）Bank of England〔2006②〕14頁

関、スタンディング・ファシリティ利用金融機関とその範囲が広くなるというものとなっている。そしてOMOカウンターパーティーはCRDの対象金融機関外でもなれることとなっている。この構造は大手金融機関がBOEの中心的な直接の取引相手であるということであるが、従来よりも多くの金融機関がこの調節方式のために参加するようになったといえるであろう。これは1996年の改革において行われたことであるが、そこにディスカウントハウスはもはや参加していないのである。

(3)　2006年方式への変更前後のイングランド銀行のバランスシートの変化

それでは次に、金融調節方式変更後のBOEの実際の金融調節等についてみることとしたいが、その前に新方式の導入前後でBOEのバランスシートがどのように変化したのかを振り返ってみたい。

図表2－4をみると、予想されたことではあるが発行部のバランスシートはほとんど変化していない。これに対して銀行部のバランスシートは2006年5月10日から新方式の導入前日の5月17日までの間に約240億ポンドから約600億ポンドへと急増していることがわかる。これはより細かくみれば負債側が「準備ほか」、資産側が「貸出その他」が増加したことによるものである。5月17日のBOE“Bank Return”の注記は、この増加は新調節方式の導入に伴い同日に実施された364.9億ポンドのリバースレポオペの影響によるものである、としている。準備預金は預金の一部を中央銀行に預けて形成されるものではないことが、当然のことではあるが確認できる。

そして5月24日にはBOEのバランスシートの様式は変更されているが、銀行部のバランスシートは490億ポンド弱と5月17日より縮小している。しかし5月10日に比べると約2倍になっており、「準備預金（Reserve balances）」の残高は244億ポンドとなっている。この水準は少なくとも従来のクリアリングバランスの水準よりは大幅に増加しているとみなしてよいであろう。

これは、決済銀行が従来のクリアリングバランス以上の準備預金を積むようにしただけでなく、決済銀行以外の準備預金制度対象金融機関が新たに準備預金を積むようになったことの影響であろう[7]。なお、このような準備額の引上げが可能であっ

7　Tucker〔2004〕は、当時の決済銀行が必要とするクリアリングバランスはわずか4,500万ポンドにすぎないとしている。

図表2－4　新調節方式導入前後のBOEの資産・負債の変化

（単位：ポンド）

		5月10日	5月17日		5月24日
資本・負債					
発行部	銀行券	37,710,000,000	37,510,000,000	銀行券	37,690,000,000
銀行部		24,679,468,637	60,146,467,912		48,788,119,370
	資本金	14,553,000	14,553,000	準備預金	24,401,918,693
	政府預金等	418,886,635	398,636,589	預金ファシリティ	-
	金融機関預金	3,089,183,297	2,911,840,747	短期OMO（ファインチューニングレポ）	-
	準備ほか	21,156,845,705	56,821,437,576		
				CRD	2,222,819,070
				その他負債	15,552,642,918
発行部・銀行部計		62,389,468,637	97,656,467,912		86,478,119,370
資産					
発行部		37,710,000,000	37,510,000,000		37,690,000,000
	対政府貸付	13,369,847,840	13,369,847,840	対政府貸付	13,369,847,840
	その他証券	24,340,152,160	24,140,152,160	短期OMO	
				リバースレポ（1週間）	9,264,000,000
				ファインチューニングリバースレポ	-
				長期OMO	15,000,100,000
				債券ほか	-
				その他資産	56,052,160
銀行部		24,679,468,637	60,146,467,912		48,788,119,370
	TB等	2,226,498,219	222,812,733	貸出ファシリティ	-
	貸付その他	15,745,855,374	51,538,733,417	短期OMO	
	不動産ほか	6,705,315,033	6,382,171,063	リバースレポ（1週間）	27,226,000,000
	銀行券	1,697,618	2,645,723		
	コイン	102,393	104,976	ファインチューニングリバースレポ	-
				債券ほか	8,158,992,088
				銀行券	5,482,038
				その他資産	13,397,645,244
発行部・銀行部計		62,389,468,637	97,656,467,912		86,478,119,370

（注）　発行部・銀行部合計は単純に合計したもので、銀行部保有銀行券を除外してはいない。

（出所）　Bank of England “Bank Return” より筆者作成

たのは、それまで無利息であった準備預金（クリアリングバランス）に付利されるようになったためであるのはいうまでもない。

4 調節方式変更後の実態

⑴ 2006年の金融調節方式への移行後の調節の実態

さらに新金融調節方式への移行後の状況をBOEのホームページ上の統計によりみることとする（図表2－5参照）。

移行後の最初の積み期間（5月18日～6月7日：便宜的にこれを「第1積み期間」と呼び、それ以後を「第2積み期間」「第3積み期間」……と呼ぶ）においては、準備預金のターゲット（平残）は229.7億ポンドであったが、2007年3月7日に終了する「第10積み期間」までの間では最高額である。

ちなみに新準備預金制度への参加金融機関数は41である。これら金融機関は当初は新調節方式に慣れていないこともあり、多めの準備預金額を申請していたが、それに慣れてくるにつれてその水準を圧縮していったものと想像される。また、年末にかけての増加はクリスマス・年末要因（銀行券増発等）を反映したものではないかと思われる。事実、2007年に入って以降は準備預金のターゲットは縮小している。

いずれにせよ、制度参加銀行は所要準備高をフレキシブルに変更していることがわかる。これは一般的に考えられる準備預金操作とはまったく別物であり、繰り返しになるが2006年の調節方式には預金準備率操作という概念がそもそも存在しないのである。

この間、準備預金残高（平残）はターゲット・レンジ内（上下１％での変動は許されている）に収まっているが、実際の残高を細かくみると、「第１積み期間」（2006年５月18日～６月７日）から「第10積み期間」（2007年２月８日～３月７日）の10積み期間においては、上振れが８期間、下振れが２期間となっている。さらに「第６積み期間」（2006年10月５日～11月８日）以降はターゲットとの差がほとんどなくなっているということもみてとれる。

それでは、マクロ的な準備供給はどのように行われたのであろうか。図表２－５をみると、基本的に短期レポオペが最大であるが、それは準備預金残高の増減に対応して変動していることがわかる。なお、短期レポオペの応札倍率は10月くらいまでは上昇傾向にあり、特定の金融機関への集中度も低下傾向にあるようである（図表２－６参照）。その後、11月には若干上昇し、12月には担保繰りの関係もあり一時低下、その後は一時的落込みは回復したものの若干の低下傾向にあった。

一方、長期のレポオペは安定した水準を保っていた。もっとも2006年１月以降、発行部資産（銀行券対応資産）における長期資産の割合は意図的に増加させられており、新調節方式導入後は安定的に推移してきていた（図表２－７参照）。これは銀行券の対応資産としては長期資産が望ましいとの考えをBOEがとるようになったことの表れとみなすことができ、前述の国債（ギルト債）等のアウトライトオペの導入方針とも平仄の合ったものとはなっている[8]。より具体的に長期レポオペの実施状

図表２－５　BOEによる金融調節の実際

（単位：百万ポンド、平残ベース）

		BOE資産				BOE負債		
積み期間		短期レポ	FTレポ	長期レポ	貸出F	預金F	FTレポ	準備預金
①	2006.５.18-６.７	36,890	-	15,000	-	-	-	23,002
②	６.８-７.５	33,130	-	15,214	-	4	-	19,564
③	７.６-８.２	32,447	26	15,212	1	-	-	18,397
④	８.３-９.６	32,802	3	14,830	-	-	-	17,823
⑤	９.７-10.４	31,090	166	14,968	10	92	-	16,740
⑥	10.５-11.８	30,498	68	15,137	147	-	-	16,300
⑦	11.９-12.６	31,292	53	15,021	2	-	-	17,121
⑧	12.７-2007.１.10	35,534	40	14,937	20	-	-	18,606
⑨	１.11-２.７	30,703	30	14,979	-	-	-	16,669
⑩	２.８-３.７	30,355	68	14,963	45	-	-	16,466

		準備預金ターゲット			金　利（%）		
積み期間		ターゲット	上限	下限	政策金利	貸出F	預金F
①	2006.５.18-６.７	22,970	23,200	22,740	4.50	5.50	3.50
②	６.８-７.５	19,570	19,766	19,374	4.50	5.50	3.50
③	７.６-８.２	18,400	18,584	18,216	4.50	5.50	3.50
④	８.３-９.６	17,780	17,958	17,602	4.75	5.75	3.75
⑤	９.７-10.４	16,640	16,806	16,474	4.75	5.75	3.75
⑥	10.５-11.８	16,290	16,453	16,127	4.75	5.75	3.75
⑦	11.９-12.６	17,120	17,291	16,949	5.00	6.00	4.00
⑧	12.７-2007.１.10	18,600	18,786	18,414	5.00	6.00	4.00
⑨	１.11-２.７	16,660	16,827	16,493	5.25	6.25	4.25
⑩	２.８-３.７	16,460	16,625	16,295	5.25	6.25	4.25

（注１）　FTレポ、貸出F、預金Fはそれぞれファインチューニングレポ、貸出ファシリティ、預金ファシリティを示す。

（注２）　積み期間の最終日において、貸出ファシリティ、預金ファシリティの金利はそれぞれ政策金利の+0.25%、－0.25%。

（出所）　Bank of England

図表２－６　短期レポオペによる資金供給

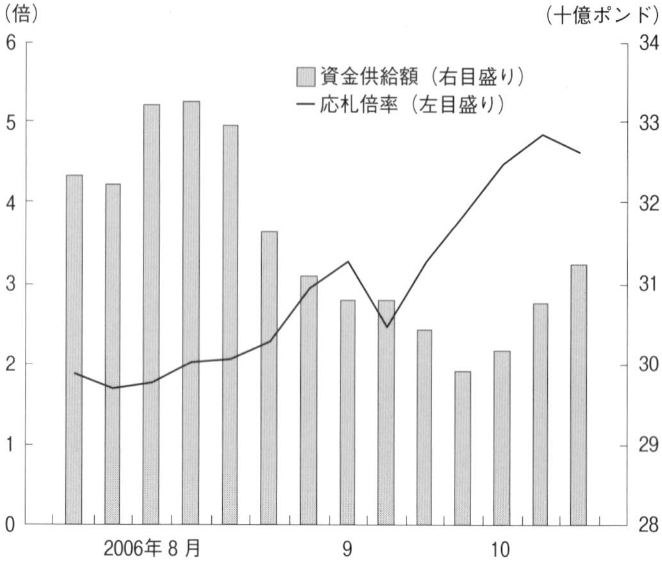

（出所） *BEQB*〔2006Q4〕370頁

況をみてみると３カ月が最大であり、６・９・12カ月は基本的に同じ金額が供給されており、９・12カ月については金利差はほとんど発生していないことがわかる（図表２－８参照）。

次にファインチューニング・レポオペであるが、まず前出の図表２－５の計数は平残の計数であることに注意しなければならない。実際の実施額はその積み期間日数倍（約30倍）の金額

8　銀行券の対応資産としては長期国債が最適であるとの見解が近年では有力であるが、筆者は、それは特殊歴史的な前提のもとでいいうることにすぎないのではないか、と考えている（斉藤〔2006②〕)。それが普遍的とはいえないことは、BOEの従来のバランスシートの構造こそが明らかにしていると思われるからである。

図表2－7　銀行券の対応資産

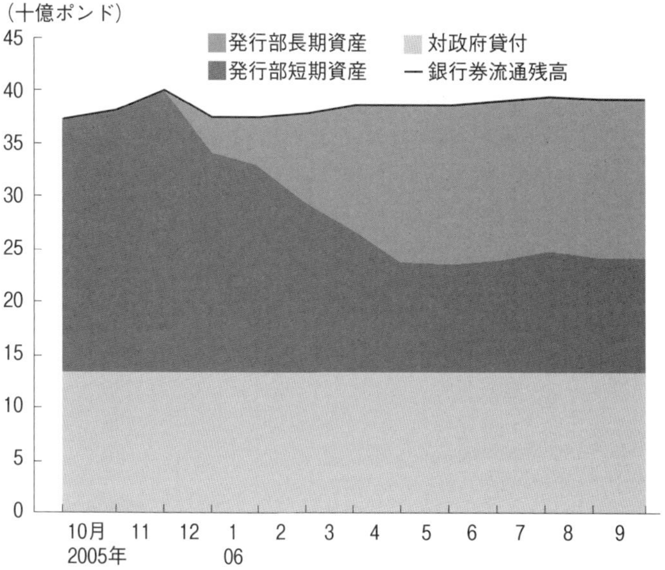

（出所）*BEQB*〔2006Q4〕370頁

なのである。これについては第１積み期間の最終日（６月７日）には5.6億ポンドの資金吸収オペがオファーされたもようである。しかしながら応札はなく、結果として準備預金平残はターゲット・レンジ内には収まったものの、0.32億ポンド（平残ベース）ほどターゲットより上振れしたのである。結局、はじめてファインチューニング・レポオペが実施されたのは第３積み期間の最終日（８月２日）であり、7.3億ポンド（平残ベースで2,600万ポンド）の資金供給が行われた。以後、資金供給のファインチューニング・レポオペは第10積み期間まで最終日には行われている。

図表2－8　長期レポオペの実施状況

（単位：百万ポンド、％、bp）

	期　間	3月	6月	9月	12月
2006. 6 .20	オファー額	1,900	750	400	200
	応札倍率	2.85	3.00	2.25	2.75
	加重平均金利(a)	4.586	4.683	4.785	4.880
	最高金利	4.600	4.690	4.785	4.880
	最低金利(b)	4.580	4.675	4.785	4.880
	(a)－(b) bp	0.6	0.8	0	0
06. 7 . 6	オファー額	1,900	750	400	200
	応札倍率	1.85	1.60	1.63	2.00
	加重平均金利(a)	4.550	4.635	4.740	4.830
	最高金利	4.565	4.640	4.740	4.830
	最低金利(b)	4.540	4.635	4.740	4.830
	(a)－(b)bp	1.0	0	0	0
06. 8 . 6	オファー額	1,900	750	400	200
	応札倍率	2.22	1.60	1.38	1.75
	加重平均金利(a)	4.792	4.913	5.010	5.100
	最高金利	4.801	4.918	5.010	5.100
	最低金利(b)	4.781	4.910	5.010	5.100
	(a)－(b)bp	1.1	0.5	0	0
06. 9 .19	オファー額	1,800	750	400	200
	応札倍率	2.93	3.01	2.630	4.00
	加重平均金利(a)	4.892	5.014	5.115	5.190
	最高金利	4.90	5.015	5.115	5.190
	最低金利(b)	4.88	5.010	5.115	5.190
	(a)－(b)bp	1.2	0.4	0	0
06.10.17	オファー額	1,500	750	400	200
	応札倍率	2.56	3.39	2.25	2.75
	加重平均金利(a)	4.973	5.063	5.145	5.215
	最高金利	4.975	5.072	5.145	5.215
	最低金利(b)	4.970	5.055	5.145	5.215

	(a)−(b)bp	0.3	0.8	0	0
06.11.14	オファー額	1,500	750	400	200
	応札倍率	3.16	2.02	1.88	2.25
	加重平均金利(a)	5.073	5.152	5.205	5.245
	最高金利	5.075	5.165	5.205	5.245
	最低金利(b)	5.070	5.140	5.205	5.245
	(a)−(b)bp	0.3	1.2	0	0
06.12.19	オファー額	1,500	750	400	200
	応札倍率	3.23	1.68	1.50	2.35
	加重平均金利(a)	5.153	5.23	5.310	5.360
	最高金利	5.115	5.24	5.310	5.360
	最低金利(b)	5.4	5.23	5.310	5.360
	(a)−(b)bp	0.2	0.5	0	0
07.1.16	オファー額	1,600	750	400	150
	応札倍率	1.41	2.53	3.27	3.840
	加重平均金利(a)	5.429	5.537	5.625	5.668
	最高金利	5.440	5.540	5.625	5.685
	最低金利(b)	5.400	5.535	5.625	5.665
	(a)−(b)bp	0.3	0	0	0

（出所） *BEQB*各号より筆者作成

続いてスタンディング・ファシリティの利用状況をみると、10積み期間中で貸付ファシリティが利用されたのは６期間、預金ファシリティが利用されたのが２期間である。基本的にスタンディング・ファシリティは主として積み期間最終日における資金不足に対応していたとみなせるであろう。

⑵ 2006年方式による調節方式の成果

ところで、BOEの四季報（*BEQB*）は2006年の第３四半期

図表２－９　無担保オーバーナイトレートのボラティリティ

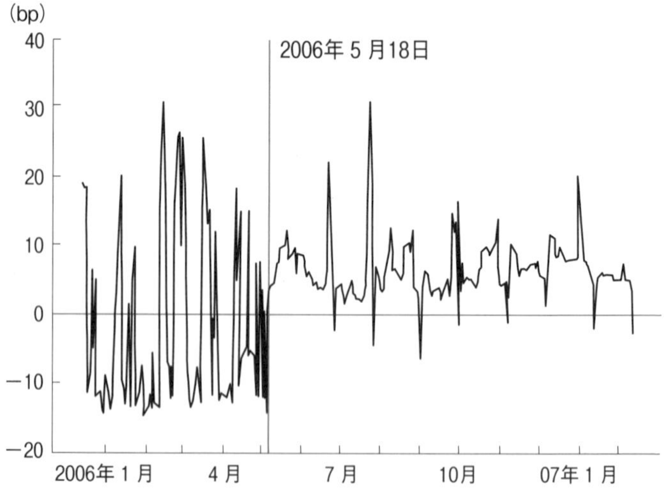

（注）　政策金利と平均金利（O/N）のスプレッド。
（出所）　*BEQB*〔2007Q1〕17頁

号以降、Markets and operations欄において、BOEの新金融調節方式下のオペレーションについて説明・分析を行っている。それによると、新方式導入後において無担保のオーバーナイトレートのボラティリティおよび政策金利とのスプレッドは基本的に縮小しているとしていた（図表２－９参照）。導入当初は月末日要因等による振れもみられたが、それも徐々にみられなくなってきたと分析している。また有担保のオーバーナイトレートについては、それらは無担保のそれよりもさらに小さく、担保玉の影響を受けることはまれにはあるが安定しているとしていた（図表２－10参照）。

さらに、これについて国際比較を行ったのが図表２－11であ

図表2－10　有担保オーバーナイトレートのボラティリティ

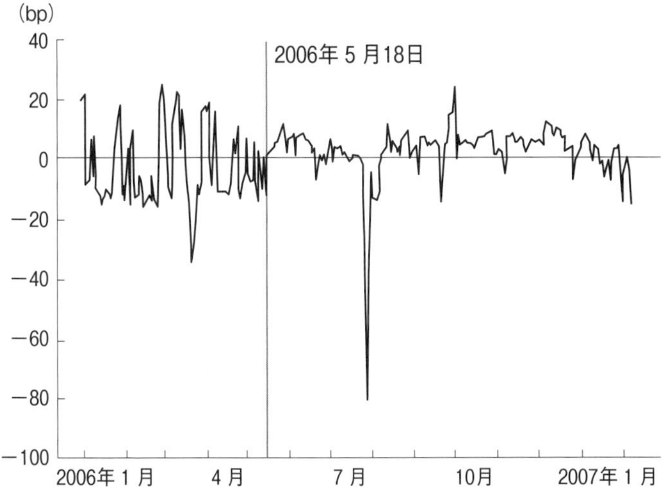

（注）　政策金利と平均金利（O/N）のスプレッド。
（出所）　*BEQB*〔2007Q1〕17頁

るが、2000～04年ぐらいまでは、イギリスの政策金利と無担保のオーバーナイトレートのスプレッドはアメリカおよびユーロ圏と比較して大きかったが、徐々にその差は縮小しあまり変わらないものとなってきたことがわかる。そして新調節方式導入後においては、ユーロ圏よりもスプレッドは小さくなっている。この枠組みのもとで新調節方式の主たる目的は達成できてきていた、との評価を行うことは可能であろう。

残された問題はこの枠組みのなかで実際の金融政策運営がうまく行われるか否かであろう。BOEは1980年代におけるベースマネー・コントロール的なM０をターゲットとする運営の失敗の後、1992年以来金融政策のより大きな枠組みとしてのイン

図表2－11　政策金利と無担保オーバーナイト金利のスプレッド

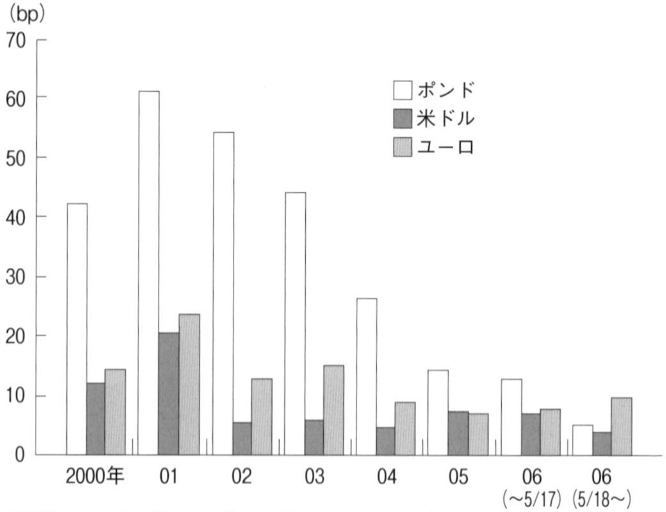

（出所）　*BEQB*〔2006Q3〕285頁

フレーション・ターゲティングを採用してきている。政策の透明性が増したとの評価はあろうが、それが資産価格のコントロールには無力であることが明らかになってきていた。また2007年３月には、ここにきてインフレ率自身がターゲット・レンジから上方に外れるといった事態も生じ、これによりBOEのキング総裁（当時）は政府（財務大臣）にインフレ率上昇の理由を説明する義務（公開書簡により）が生じるといった事態も発生した。

物価がターゲット・レンジから上方に外れたならば、当然に金利は引き上げられなければならない。それがルールに基づく金融政策というもののはずである。しかしながら現実の金融政策は、今日までそのように運用されていはいない。それによって生じるかもしれない景気後退やポンド高といった事態を考えれば当然とはいえるが、そうすると逆にインフレーション・ターゲティングという枠組みは有効なのか、それにより金融政策（中央銀行）の独立性は守られるのか、という点はさらに検証されなければならないであろう。フレキシブル・インフレーション・ターゲティングこそが素晴らしいなどというのは詭弁でしかないのである。

5 危機モードへの移行前の調節方式

(1) 平時の調節方式としての2006年方式のまとめ

以上、本章では2006年5月のBOEの金融調節方式変更の概要およびその後の金融調節の実際についてみてきたわけであるが、その特徴をもう一度簡単にまとめるならば、完全後積み方式の準備預金制度（それには付利され、準備額も対象金融機関が任意で設定できる）であり、それによりBOEはマクロ的な準備需要の予測をより高い精度により行うことができるようになった。また、準備需要の予測が外れた際の調整メカニズムも備えられている。

繰り返しになるが、この準備預金制度は、付利されることからレギュラトリィ・タックスではなく、制度設計から準備率操作という概念も消失している。あるのは準備預金制度という枠組みなのである。そしてその枠組みのもとにおいて、BOEが過不足なく資金を供給するということになっている。それ自体は以前の枠組みとも世界各国の中央銀行が実際に行っていることとも異なるわけではない。ただ、この制度においては超過準備にもペナルティが科されることにより、量的緩和は実行がほぼ不可能な制度設計となっていた。

政策金利は準備預金への付利金利であるが、これを期間1週間のレポオペの適用金利としていることから、BOEは期間1週間の金利の決定権限を有しているといってよい。そして、ペナルティレートおよびスタンディング・ファシリティの金利により短期金利の上下限が画されるという制度のもとで、オーバーナイトレートはほぼこれと同水準となるように調節されてきていたようにみえる。

資金供給の中心は短期レポオペであるが、銀行券の対応資産として長期資産の割合を増やしてきており、その流れを維持するようにしていた。ただし、国債（ギルト債）のアウトライトオペについては、BOEは非常に慎重な導入方針をとっていた。

この新しい調節方式においてあらためて明確になったのは、中央銀行が金融政策の遂行において決定する（誘導する）のは短期金利であるということであった。ベースマネー・コントロールというのは金融論の初級教科書のなかにある話にすぎないということであろうか。2001年からの日本銀行の量的緩和政策が当初期待された効果をほとんど発揮できずに終了したことも、ここから理解することが可能となる。一方、中国人民銀行は引締政策として預金準備率の引上げを行ってきているが（これは量的緩和ではない）、それは貿易黒字により超過準備が発生するのを吸収しきれないためであることも理解できる。別に準備量をターゲットにしているわけではないのである。

(2) 金融危機の襲来と平時モードの終焉

それはともかくとして、日本においても公定歩合が金融政策の、そして金利体系の中心に座るという時代は終わってしまった。グローバリゼーションは先進国の中央銀行の金融調節の姿を似通ったものにしてきたのである。

そして、2006年に変更されたBOEの新金融調節方式は欧州中央銀行（ECB）の調節方式とかなり似通ったものであった。レッドブック等のBOEの公式文書等には、その調節がECBの調節とあわせたとは必ずしも書かれてはいない。しかしそれは、イギリスのユーロ参加問題を抜きにしてはありえないことは明白である。事実、1999年1月の欧州統一通貨ユーロの導入、およびECBによる統一金融政策の実施以前の1997年における金融調節改革時におけるBOEの文書（Bank of England〔1997〕）には、イギリスが通貨統合に参加しようとしまいとECBの金融政策（調節の枠組み）と整合性のある金融調節の枠組みとしておく必要があるとの趣旨の文章はあった。

当時においても現時点でもイギリスの近い将来におけるユーロ参加の見込みはあまりないと考えられるが、2006年の公式文書にその点の言及がないのは自明のこととしてあえて触れなかったのであろうか。やはりいつでも参加できるだけの準備は整えておく必要はあるとの認識と当時の金融調節方式の変更とは当然に結びついていたものとみなしてよいのであろうかとの問いは、現時点ではほとんど無効なものとなってしまった。

いうまでもなく、それは今次金融危機が襲来したからであり、それによりこのBOEの平時の金融調節方式はあっさりと捨て去られてしまった。この非伝統的な姿が次章以降で説明されるわけではあるが、それが危機モードにおけるものであり、いかに異常なものであるかを知るためにも本章における平時モードの調節の姿を知っておくことが重要なのである。

第3章

世界金融危機とイングランド銀行の対応

1 平時の金融調節の確認とその考え方

(1) 金融危機の襲来と危機モードの金融調節への転換

前章でみたように2006年5月にイングランド銀行（BOE）はその金融調節方式を変更した。金融危機の襲来は、そのいわば平時の金融調節の継続を困難化した。今次金融危機への対応では、BOEは政策金利の引下げ以外の種々の非伝統的・非正統的政策を活用してきている。政策金利はゼロ近傍となり、量的緩和政策の採用に追い込まれたが、準備預金制度を活用し、短期名目金利をゼロとすることなしに量的緩和を実施したという点は注目されるべきである。

ただし、イギリスにおいても量的緩和政策において「量」そのものの緩和効果があるかどうかについては疑問符をつけざるをえない。イギリスにおいても量的緩和の効果が限定的であると考えられるのは、イギリスにおいても銀行貸出の制約要因がリザーブであるとは考えられないからである。

景気低迷下においては長期金利の上昇を抑える必要があることから、中央銀行に国債購入への圧力がかかりやすくなってきている。中央銀行の買いオペで国債の利回りを低下させるには、中央銀行が国債市場における価格形成を支配できるほどの圧倒的に巨大な購入者となるということと、中央銀行が巨額の国債を購入しても人々にそれが財政赤字の貨幣化（マネタイゼーション）と思わせないことが重要であろう。

BOEは、本章でみるとおり非常に大量の国債を購入したということで前者の条件を満たした。一方、政府の緊縮財政は後者の条件を満たしたとはいえるが、それが最適なポリシーミックスであったかどうかは疑わしい。BOEの金融政策が2010年以降、身動きがとれなくなっているようにみえるのは、これまたイギリスの危機の深刻さを表しているように思われる。

今次金融危機は「世界金融危機」とも「グローバル金融危機」とも呼ばれるのが一般的であるが、一部には「北大西洋金融危機」という呼び方もなされている（たとえば、大山〔2011〕)。それは金融機関の危機という意味においては、危機がこの地域に集中しているからでもあろう。そしてイギリスは金融システムが危機の過程で最も動揺した国の１つであり、中央銀行としてのBOEおよび統合的金融監督当局としての金融サービス機構（FSA）等が、異例の金融機関救済策をとらざるをえなかった国である。

本章においては、BOEが危機対応のためにとった政策について、政策金利の引下げ以外の非伝統的・非正統的といわれる措置をとらざるをえなかった背景とその評価を行い、他の中央銀行の戦略との相違がなぜ生じているのか等の点についても検証することとしたい。

(2) 2006年５月のイングランド銀行の金融調節方式の変更の確認

各国の中央銀行は、今次金融危機に関連して、非伝統的・非正統的と呼ばれる金融調節手段を採用せざるをえなくなっており、イングランド銀行（BOE）も例外ではない。しかしながらその前に、危機モードの金融調節ではない平時モードのBOEの金融調節とはどのようなものであったかについて、第２章と重複することとなるが、ごくごく簡単に確認することとしたい。平時モードの金融調節の確認により危機対応の特殊性がより明確となると思われるからである。

金融調節というより金融政策の大枠として、BOEは1992年10月以来、インフレーション・ターゲティングを採用している。さらに1997年には労働党ブレア政権が誕生し、同政権下で統一的金融監督規制機関としての金融サービス機構（FSA）が設立され、これにBOEの銀行監督部門も移行することとなった。

その一方で、BOEには独立性を与えるように金融政策の枠組みは変化したのであった（改正イングランド銀行法は1998年６月に施行された）。改正イングランド銀行法のもとでは、インフレ目標値については政府が設定する（BOEに目標設定における独立性はない）ものの、この目標達成のための政策手段についての独立性をBOEは有している。

インフレ目標値については、当初は小売物価指数（RPIX）１～４％（1992年10月～1995年６月）、その後は同2.5％（1995年３月～2003年12月）とされていたが、2004年１月以降はインフレ指標自体を消費者物価指数（CPI）総合に変更するとともに、目標値を２％としてきている。そして目標値から上下１％ポイント乖離した場合は、BOE総裁は財務大臣に、①乖離した理由、②対応策、③目標値に回帰するまでの期間の見込み等を内容とする公開書簡を提出しなければならないこととなっている。この公開書簡の提出は、独立性を獲得したBOEとしてはスティグマ（恥辱）として認識されるもののようである。

なお、インフレーション・ターゲティングの導入とともにBOEは四半期ごとに『インフレーション・レポート』を公表し、先行き2年間のインフレ率やGDP成長率の見通し等を示している。

こうした大枠のもとでの具体的なBOEの金融調節方式は、第2章で説明したように、2006年5月に大きく変更された。その内容において大きなものは、完全後積み方式の準備預金制度の新規導入であり、それには付利され、準備額も対象金融機関が任意で設定できるという点が特徴である。これによりBOEはマクロ的な準備需要の予測をより高い精度により行うことができるようになった。

この準備預金制度は、付利されることからレギュラトリィ・タックスではなく、制度設計から準備率操作という概念も消失している。あるのは準備預金制度という枠組みである。そして、その枠組みのもとにおいてBOEが過不足なく資金を供給するということになっていた。またこの制度においては、超過準備にもペナルティが科されることにより、量的緩和は実行がほぼ不可能な制度設計となっていた。ここが危機モードの金融調節としての量的緩和政策との大きな相違点なのである。

この新制度の特徴としては各積み期間（月に1度開催されるBOEの最高意思決定機関である金融政策委員会（MPC）の間の期間で約1カ月。MPCは正確には第1月曜日の後の水曜日および木曜日に開催される）の直前（2日前）に対象金融機関が準備額を自ら決定して、これをBOEに通知するという制度であることがあげられる。

したがって、繰り返しになるがこの準備預金制度には、準備率操作という概念がそもそも存在しないのである。そして各対象金融機関は、積み期間中の準備預金平残が自ら決定した所要準備の１％以内であることが求められる。その条件のもとで、この準備預金には付利がなされる。この付利水準がBOEの政策金利となる。そして、このターゲットを外れた場合は、付利はされないというペナルティが科されるということになる。

注意しなければならないのは、このペナルティは過少準備についてだけでなく、過剰準備の場合にも科せられるということである。したがって各対象金融機関は、過少準備とならないようにするのは当然であるが、超過準備があればこれを放出するように行動することとなる。当然のことながら、この制度のもとでBOEは、マクロ的には過不足のないように準備供給を行うことになる。

(3) 先進国中央銀行の金融調節方式の危機以前の類似性

先進資本主義諸国の中央銀行においては、準備率操作という金融調節手段は使われない制度となってきていた。日本においては1991年10月以来、約20年間変更されておらず、量的緩和政策というのは準備率不変のままで実行された政策である。

準備預金増が準備率の引上げにより行われたのであれば、それは通常は引締政策となるはずであるが、量的緩和は緩和政策として導入された。それはともかくとして、イギリスの制度は準備率操作を政策手段としては使わないという状態をさらに推し進めたものとみなすことが可能である。また、準備預金に付利をするというのは世界的な潮流で、以前は準備預金には付利されないことから、準備預金制度は預金保険料負担と同様にレギュラトリィ・タックスと説明されることも多かったが、それは必ずしもそうとはいえない状況になってきている。

この制度のもとで、資金供給は基本的に期間1週間の短期レポオペにより行うこととされた。この短期レポオペの金利に政策金利を使用することから、BOEの政策金利の期間は1週間であるといってよいことになる。このほかの資金供給手段としては、長期のレポオペ（3・6・9・12カ月）で供給するというのが平時の基本的な姿として想定されていたものであった。

短期金利誘導のためのツールとしては、それ以前から導入されていたスタンディング・ファシリティを活用することとした。貸付ファシリティは、日本でいうならば補完貸付制度の金利、すなわち基準貸付金利に当たる。イギリスではこれが政策金利プラス100ベーシスポイントとされていた。預金ファシリティは、日本では2008年11月に導入された補完当座預金制度に当たるものであるが、超過準備の運用のためのファシリティであり、その付利水準は政策金利マイナス100ベーシスポイントということとし、この範囲内で短期金利が誘導されるような制度設計とされたことになる。

このほか、より長期の資金供給手段としてそれ以前は行っていなかった国債（ギルト債）および高格付外貨建て債券のアウトライトオペを行う計画について、金融調節方式の発表とほぼ同時期に公表した。国債（ギルト債）については、2006年度から３年間で120億ポンド行うと発表されていたが、実際の開始は2008年１月になった。

先取り的に述べるならば、BOEは危機対応として国債購入を基本とする量的緩和政策を2009年３月以降導入したわけであるが、これはBOEにとっては非伝統的・非正統的政策ということになる。日本銀行やFRBにとって、国債のアウトライトオペは通常の政策であることと対比すると興味深いものがある。

繰り返しにはなるが、ここで2006年５月の金融調節方式の変更の目的についてBOEがどのように説明していたかを確認すると、以下の４点があげられていたのであった。

① オーバーナイトの市場金利がBOEの公定レート（１週間）と整合的に形成されること

イールドカーブはフラットで、日々・日中の変動もあまりないほうが望ましい。

② 銀行組織の流動性管理のための効率的で安全かつフレキシブルな枠組み

通常時においても、混乱時においても、競争的な短期金融市場とそれが適切な場合には中央銀行通貨が使用できること。

③ 簡素でわかりやすく透明な運営上の枠組み

④ 競争的で公平なポンド建て短期金融市場

2 金融危機下のイングランド銀行金融調節

(1) ノーザンロック危機とイングランド銀行の金融調節

こうした平時モードの金融調節からの転換は、2007年9月のノーザンロック危機への対応から始まった。ノーザンロックは、イギリスにおける代表的な貯蓄金融機関である住宅金融組合から1997年に銀行転換した金融機関で、その後急成長を遂げ、2006年には年間住宅ローン供与額においてイギリス国内第4位であった。この急成長を資金調達面で支えたのは、住宅ローン担保証券（MBS）その他の市場性の資金であり、同行のリテール預金への依存度は非常に低いものであった。これが8月のパリバ・ショック以降の市場混乱の影響を受けてMBSが販売できなくなったこと等から流動性危機に陥ったのであった。

住宅金融組合というのは、貯蓄性のリテール預金を集め、これを住宅ローンで運用するという金融機関であったわけであるが、ノーザンロックは伝統的な資金調達とは異なる形態をとり、金融混乱の余波を受け、流動性危機に陥ったのであった。BOEは、ノーザンロックに対し緊急の流動性供給（緊急貸付ファシリティ）を行った。なお、この貸付に関しては2008年2月に同行が一時国有化された際に回収されている。

ただ、この資金供給はノーザンロックに対するものではあっても、マクロ的には市場全体への資金供給となってしまう。超過準備を抱える金融機関は、カウンターパーティー・リスクゆえに、過少準備状態となっているノーザンロックに資金供給は行えない。ここでBOEがノーザンロックに資金供給を行えば、マクロ的には超過準備が発生することとなるからである。そうするとBOEは、ノーザンロック以外の金融機関に滞留している超過準備を素早く吸収しなければならないこととなる。これは超過準備にはペナルティが科せられるという制度設計である以上、当然のことである。

しかしながら緊急時には、まずマーケットへの資金供給を優先しなければならない。市場の混乱を緩和しなければならないということから、BOEは準備預金制度における付利範囲を上下１％の水準から大幅に（最大60％）拡大した。これにより超過準備供給を可能とする措置をとったわけであり、金融機関の側からは超過準備保有が可能となったわけである（この点に関するより詳細な説明は次章において行うこととする）。

このほか、通常のオペ先以外の預金取扱金融機関への入札型ターム物資金供給を試みたが、応札はなかった。全体的な資金供給の姿としては、平時では中心となる短期レポオペによる供給を削減し、９月の積み期間以降は準備預金の付利範囲は拡大したままとしておいたが、実際のマクロ的な資金供給はターゲットどおりという金融調節を行った。なお、これはBOEの金融調節ではないが、政府はノーザンロックの預金等の全額保護を決定し、預金保険（FSCS）の限度額についても拡大するなど、危機の波及をとどめるための諸措置をとらざるをえなかった。

(2) ノーザンロックへの資金供給と準備預金の付利範囲の拡大

ここで、ノーザンロックの流動性危機前後のBOEの資金供給の姿を詳しくみると、危機後にはノーザンロックへの資金供給があり、そして危機前後で長期レポオペによる資金供給量は変化がないことが確認できる。一方、短期レポオペによる資金供給は危機発生時には一時的に増額されたものの、その後は削減されていることがわかる（図表３－１参照）。

図表３－２は、2007年９月６日に始まる積み期間における日

図表３－１　BOEの資金供給（2007年）

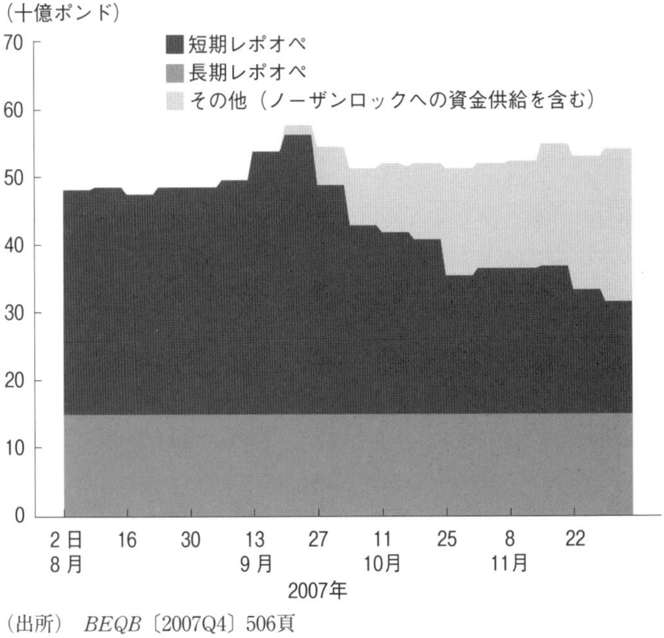

（出所）*BEQB*〔2007Q4〕506頁

図表3－2　準備預金の付利範囲の拡大

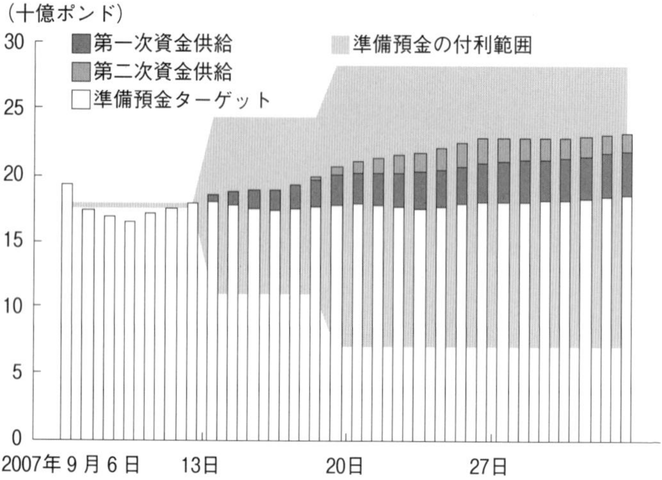

（出所）*BEQB*〔2007Q4〕503頁

時ベースの準備預金の推移をみたものである。前述のとおり完全後積み制度の準備預金制度であるということは、9月6日時点でマクロ的準備需要は確定しているということを意味する。本来であれば平残ベースで上下1％の枠内に収まらなければいけないわけであり、個別金融機関としても、この範囲に準備預金平均残高を収めなければ付利はなされないこととなる。

しかし、危機時にはマーケットへの資金供給を優先しなければならない一方、個別金融機関は超過準備を保有するインセンティブをもたないというジレンマが発生する。それと同額の資金吸収をしなければ超過準備が発生してしまうからである。BOEは9月13日に380億ポンド強の短期レポオペを行ったが、リザーブターゲット対比で25％多い資金供給であった。そして、この段階で準備預金のターゲット・レンジ（付利範囲）は上下37.5％に拡大されたのであった。さらに９月18日には、通常では行わない期間２日間のファインチューニング・レポオペが行われ、44億ポンドが供給された。これもリザーブターゲット対比で25％多い資金供給であった。この時点でターゲット・レンジは上下60％まで拡大されることとなった。

(3) 量的緩和以前の危機対応策

次に、ノーザンロック危機以降の2008年初め頃までのBOEの金融調節をみると、まずは12月になり、ようやく政策金利を0.25％引き下げ5.5％とした。2009年３月以降の政策金利の水準は0.5％であるが、金利についてはこの時点では微調整といったものであったといってよい。ただし資金供給面では、11月に年末対策として５週間物レポオペを実施したり、12月および2008年１月に臨時実施した３カ月物レポオペの対象としてRMBS・ABS等を追加したりするなど、一種の信用緩和措置を行った。さらに長期レポオペを拡大し、平時の資金供給の基本である短期レポオペを急激に削減した。

したがって、この時点ではBOEのバランスシートは拡大こそしたものの、極端に大きくふくらんだわけではないということを確認しておきたい。外部には資金供給を行ったことのみが強調されて伝えられるが、その一方で資金吸収等が行われていることを見逃してはならない。

2008年に入ってからは、１月に国債（ギルト債）のアウトライトオペを開始し、危機が深化していく過程で４月には特別流動性スキーム（SLS）の導入を行った。これは流動性が失われた証券化市場対策としてMBS等を担保にTBを貸し出す制度で、2009年１月に終了するまでのTBの貸出額は1,850億ポンドにのぼった。担保証券の額面は2,870億ポンド、ちなみに2009年１月末時点のそれらの時価は2,420億ポンドであった。それはともかく、リーマン・ショック以前のBOEの金融政策は危機モードのもので平時モードとは異なるとはいえ、まだその程度は平時の水準から限りなく乖離したものではなかったという評価は可能であろう。

事態が急激に変化したのはリーマン・ショック以降のことである。政府は10月に資本注入や信用保証スキーム（CGS）等からなる金融機関の救済パッケージを決定したが、BOEはドル流動性対策としてアメリカのFRBとの間で通貨スワップ協定を締結した。その枠は当初は400億ドルであったが、すぐに800億ドルまで拡大され、10月には金額制限が撤廃された。

そのほか、オペ等の適格担保の拡大や相手方の拡大等の措置がとられた。具体的には10月に長期オペのうちの３カ月物の適格担保を拡大し、2009年２月にはこれを再拡大した。また、10月には資金供給の反対の資金吸収手段としての手形売出オペを導入した。これは金融調節上、すみやかな資金吸収が必要とされる場合がある際に対応するための措置であるといえる。さらに2009年１月にはCP買取ファシリティを、３月には国債買取ファシリティを非銀行金融機関に対する資金供給のために開設した。

このほか、重要なものとしてはスタンディング・ファシリティの改善等の措置があげられる。スタンディング・ファシリティは前述のとおり、政策金利の上下100ベーシスポイントの水準で、BOEから貸付を受けたり（貸付ファシリティ）、超過準備を預金したり（預金ファシリティ）するものである。このうち、特に貸付ファシリティについては「スティグマ問題」というのがイギリス以外においても問題とされることがある。

スティグマ問題とは、スタンディング・ファシリティのうち貸付ファシリティを利用したということがわかると、それは当該金融機関の評判を大きく傷つけ、その後の資金調達等に悪影響を及ぼすことから、その利用が進まないという問題のことをいう。そのため短期金融市場金利は制度の想定とは異なり、貸付ファシリティの金利を上回る事態も発生していた。この問題を解決するためBOEとしては、利用しやすい制度であるということを明言し、政策金利の上下25ベーシスポイントの水準での新制度としてオペレーショナル・スタンディング・ファシリティを従来の制度に変えて10月に導入したわけである。

そして従来、ファシリティ利用については日時ベースで公表していたのを、積み期間中の平残ベースの公表に切り替えた。これはスティグマ問題を意識したものといえると思われる。また、政策金利からの乖離幅を縮めたことは、これはしばしば「コリドー（廊下）を狭くした」と表現されるが、短期金利のボラティリティを小さくしようとの意図が読み取れるわけである。

さらにBOEは同時期にディスカウント・ウィンドウとい

う、多様な担保に対して国債を貸し付ける制度を創設した。このディスカウント・ウィンドウにおいてはキャッシュの貸付（準備増）も可能ではあるが、基本は国債の貸付制度であることから、その利用が準備預金から知られることはないことが利点とされている。なお、この制度は恒久的措置として導入されており、特別流動性スキーム（SLS）が時限的措置であったのとは異なっている。

3 量的緩和政策の採用とその評価

(1) 量的緩和政策の採用

BOEは以上でみたような危機対応の諸措置を採用したわけであるが、今次金融危機で傷ついたイギリス経済・金融システムはBOEにさらに一歩進んだ非伝統的・非正統的な金融政策の採用を余儀なくさせた。

その前にBOEが伝統的政策である政策金利の引下げをどのように行ったかをみることとしたい。ノーザンロック危機の時点で5.75％であった政策金利を、BOEは2007年12月に0.25％引き下げ5.5％とした。2008年に入ってからもその引下げのスピードは速くはなく、2度の引下げによりリーマン・ショック前には5.0％としていた。さすがにリーマン・ショック後は急速度で引き下げ、6次の引下げにより2009年3月には0.5％とした。ここにきてBOEもまたゼロ金利制約というか、政策金利の引下げ余地がないという状況に直面することとなった。BOEはそのバランスシートを拡大する量的緩和政策に踏み込

図表3－3　政策金利の推移と『インフレーション・レポート』による予測

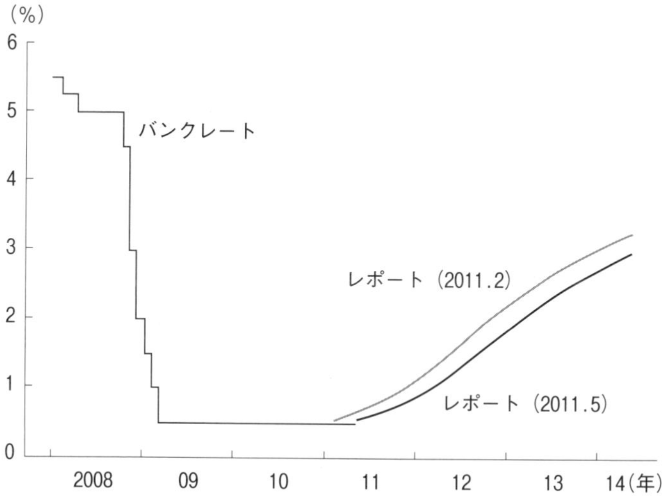

(出所)　*Inflation Report*〔May, 2011〕9頁

むこととなったのである(図表3－3参照)。

今次金融危機への対応策としてのBOEによる金融調節において、最も重要で最も特徴的なのは量的緩和政策(QE：Quantitative Easing)の採用である。これは、2009年1月30日に資産買取ファシリティ(APF)をBOEの子会社として設立したことに始まる。

ただし、当初のAPFの資産買取枠は500億ポンドであり、これはCP等の民間資産の購入を目指したものであった。そしてこの資産購入はTBの発行によりまかなわれることとしていた。このTB発行による資金調達というのは資金吸収となるわ

図表3－4　APFの変化

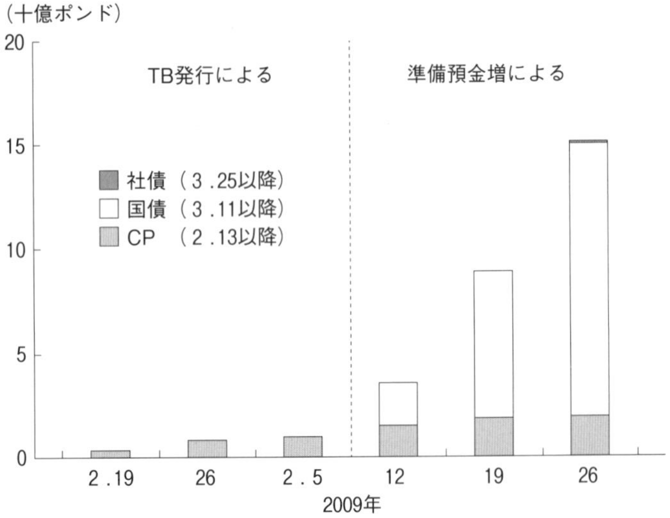

（出所）*APFQR*〔2009Q1〕2頁

けであり、その後、CP等を購入することにより資金を供給したとしても、マーケット全体に与える影響は中立的ということになる。これは日本においても外国為替市場におけるドル買い介入が、かつてのFB（現在のT-Bill）の発行によりなされたならば、それは市場からの資金吸収となり、介入後に準備を吸収しなくても、それは不胎化介入であるというのと同じことである。APFによる資産購入の最初は2月13日のCP購入であった。

これが変化したのは2009年3月のことであった。3月5日のBOEの最高意思決定機関である金融政策委員会（MPC）は、APFによる国債購入を決定した。この金額としては総枠1,500億ポンド、うち民間資産は500億ポンドの枠とされた。そして

図表3－5　APFによる国債購入

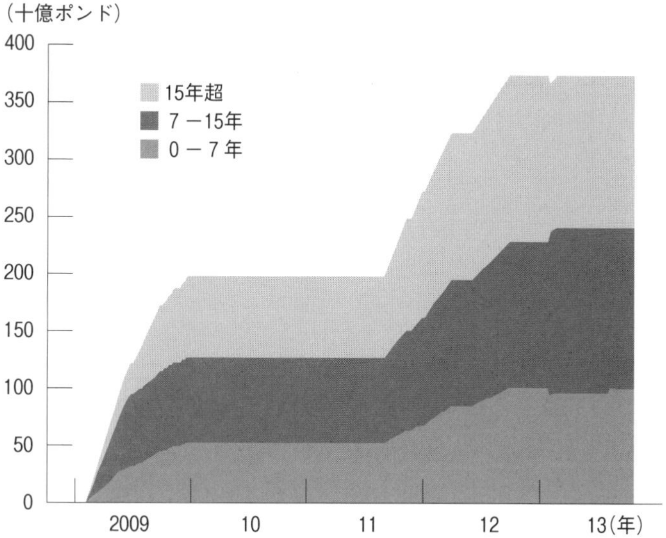

（出所）　*BEQB*〔2013Q4〕391頁

そのファイナンスの手段としてはBOEの準備預金増により行うということが明言され、ここにAPFは質的・量的転換を遂げ、量的緩和政策遂行のためのツールとなった。BOEのバランスシートの資産部分をみるならばそれはAPFへの貸付金となっている（このように子会社であるAPFに貸付を行い、その子会社が資産購入を行うこととした理由については次章で検討することとする）。

BOEは、量的緩和政策の採用を公表した後、3月11日に国債を初購入し、その後国債の購入額を急拡大させた。なお、3月25日には社債をはじめて購入しているが、買取りの基本は国

図表3－6　国債保有構造の変化

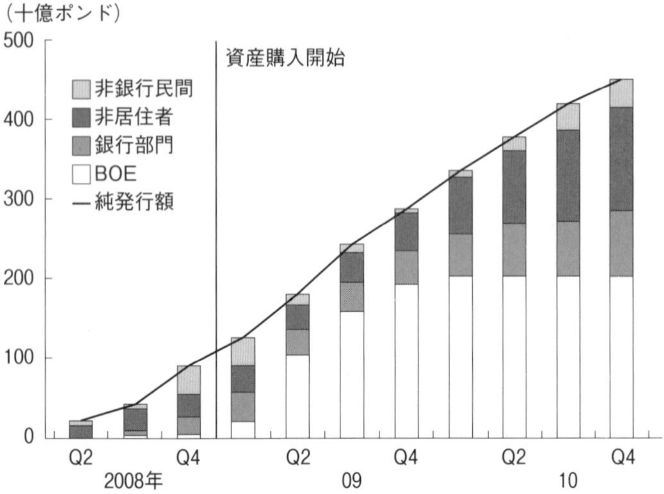

（出所）　Bridges et al.〔2011〕29頁

債となっている。国債の大量購入により準備預金増を目指す（資産側はAPFへの貸出債権）という政策であることから、マーケットの関心は当初の購入限度額が増額されるか否かということになる。その後は、8月6日に購入限度額が1,750億ポンドに、11月5日に2,000億ポンドに増額された。

ただしこの資産の買入れは、2010年1月を最後に実質上の停止状態（ごくわずかな民間資産の償還に対応する買入れはある）となり、MPCにおいてこの買取枠の増額は行われずに据え置かれたままであったが、2011年10月に2,750億ポンドに増額され、その後、2012年2月に3,250億ポンド、同年7月には3,750億ポンドに増額された。ただし、その後は買取枠が据え置かれたままである（図表3－4～3－6参照）。

なお、ここで注目すべきはAPFによる国債買取りは長期のものが多いことであるが、このことの意味および出口における影響等については第4章および終章において検討することとする。

(2) イングランド銀行の量的緩和政策の特徴

ここで、BOEの量的緩和政策の特徴をみることとしたい。まず、これは必ずしも量的緩和政策の特徴というわけではないが、各国中央銀行のなかで唯一明確に当初から自らの政策を量的緩和政策であると位置づけていることがあげられる。

FRBの場合は、当初は信用緩和政策（従来は購入しなかった資産を購入）であるとの基本的なスタンスで、結果的にバランスシートが拡大したとのものであった。そしてその後、自らの政策は大規模資産購入（LSAP）と呼ぶことが通例ではあるが、外部がそれを量的緩和政策（QE）と呼ぶことに対しては抗議することもなく黙認している。

日本銀行も2008年12月の金融政策決定会合で期間3カ月の新しい資金導入手段の導入を決定した際に、これは一種の量的緩和措置であることを認め、その後も包括緩和政策等を打ち出してきてはいる。BOEほどその政策意図を量的緩和であると明確に打ち出してはいなかったが、周知のとおり2013年4月の黒田東彦新総裁体制のもとでの量的・質的緩和政策の採用により、量的緩和を明言するようになってきている。

BOEの量的緩和政策とかつての日本銀行による量的緩和政

策とを比較すると、決定しているのは資産の買取額の上限であって、日本銀行のような当座預金の残高目標を掲げ、これを達成するように金融政策運営を行うというやり方ではない。また、当初の買取額は定額に近いものであったが、途中から減額し、週ごとに買取額が違ってきている。これは月ごとの長期国債の買切りオペ額を決定していた日本銀行とは異なる。

BOEは量的緩和政策の開始に伴い、リザーブターゲットの設定自体を取りやめることとした。これは平時モードのシステムを当面停止するということを意味する。すなわちリザーブターゲットの上下１％という平時の付利範囲を、ノーザンロック危機以降は拡大する措置をとってきたわけであるが、ここに至ってターゲットの設定自体をやめることとしたわけである。そして、すべての準備預金に対して付利を行うこととしたのである（図表３－７参照）。

なお、このときのMPCにおいては政策金利を0.5％へと引き下げた。この結果、貸付ファシリティ（オペレーショナル）の金利は0.75％となったが、預金ファシリティ（オペレーショナル）の金利は0.25％ではなく、ゼロとされた。これはどのような水準であれ準備預金には政策金利による付利がなされるわけであるから、預金ファシリティの意味はなくなることを反映したものである。

この量的緩和政策の採用後、BOEのバランスシートは急拡大しているが、これには準備預金制度の変更が技術的なことではあるものの、大変重要な要素となっていることに注目すべきである。短期金利をゼロとせずに量的緩和政策を行うために

図表3－7　準備預金額の推移

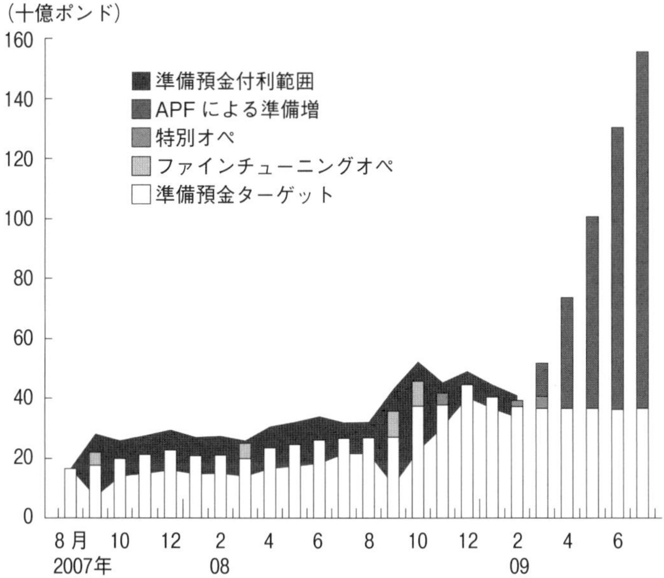

（出所） *BEQB*〔2009Q3〕172頁

は、準備預金への付利がなされる必要がある。ちなみにアメリカでは、2008年10月以降、準備預金への付利を開始し、それ以後、FRBのバランスシートは大きくふくらんでいる[9]。

FRBの政策金利としてのフェデラル・ファンド・レートの誘導水準を2008年12月16日以降、0～0.25％とすることとした

9　FRBは、2006年金融サービス規制緩和法により2011年10月1日から準備預金への付利を行うこととしていたのであるが、危機対応の観点から2008年緊急経済安定化法により、この実施日を2008年10月1日以降に前倒しした。それから間を置かずに日本銀行は、2008年10月31日の金融政策決定会合で超過準備に付利を行う補完当座預金制度の新規導入（11月16日に始まる積み期間から）を発表した。

のであり、これをマスコミ等ではゼロ金利政策と報道するケースもあるものの、通常はゼロにはしないということが重要なのである。

日本においても、2008年11月16日以降、補完準備預金制度が導入され超過準備に対して付利を行うこととなった。これにより政策金利をゼロとしなくても超過準備を供給できる体制となったわけである。逆にいえば、超過準備を供給しても短期金利をゼロにしなくてもよいということになる。これは日本の量的緩和政策期において名目短期金利をゼロとしたことの副作用が大きかったことから、そのような制度変更を行ったものと考えられるし、各国中央銀行も日本銀行の経験を学んだ点があるのではないかと推察される。

そして、準備預金へ付利することにより安全で有利な運用機会を金融機関に提供するということは、中央銀行による資金吸収が資金供給の一方で行われているということを示しているのである（これらの点についても次章で詳しく検討することとする）。

(3) 量的緩和政策をめぐる当初の説明

BOEでは今回の量的緩和政策について、一般にもわかるようにとの観点からか、簡単なパンフレットを発行している（それについては同行のホームページからダウンロードすることが以前はできたが、現在はその説明が変化している）。

量的緩和政策による効果としてはポートフォリオ・リバランス効果、さらにはイールドカーブのフラット化が考えられるほか、マネーストックの増加をもたらすオペレーションが期待や信認に好ましい影響をもたらすことが期待できる、ともしている。そしてBOEではこのようなオペレーションにより、結果としてインフレ率をターゲットとしている２％±１％の水準にすることを目指しているようである。今次危機への反省として、インフレーション・ターゲティングの枠組み自体も見直そうという動きにはなっていないようであるし、この枠組みにマクロ・プルーデンシャル・ポリシーであるとか国際協調を加えていくというような議論が優勢であるような印象がある。

量的緩和政策の効果についてBOEは、他の資料（たとえば『インフレーション・レポート』やMPCの「議事録」）でもマネーストックの増加につながるとのマネタリスト的な説明を行っていた。しかしマネーストック（広義通貨量：Ｍ４[10]）の増加率は、量的緩和導入後も、またその後行われた買入枠増加の後も低迷している（図表３－８参照）。

この点について『インフレーション・レポート』は、2009年５月の量的緩和政策導入直後においてはポートフォリオ・リバランス効果の発現等の期待が表明されていたものの、そのトーンは徐々に変化していき、ポジティブな変化はみられないながら、量的緩和がなかったならば事態はさらに悪化した可能性が否定できない等の言い訳的な記述がみられるようになってきた。

マネーストックの伸びの低迷は、要するに銀行および住宅金

10　正確には、Ｍ４から「その他の金融仲介機関」（具体的にはセントラル・カウンターパーティーや証券化関連のSVP）の保有する預金を除いたもの。

図表3－8　マネーストック（M4）名目GDP（前年比増減率）

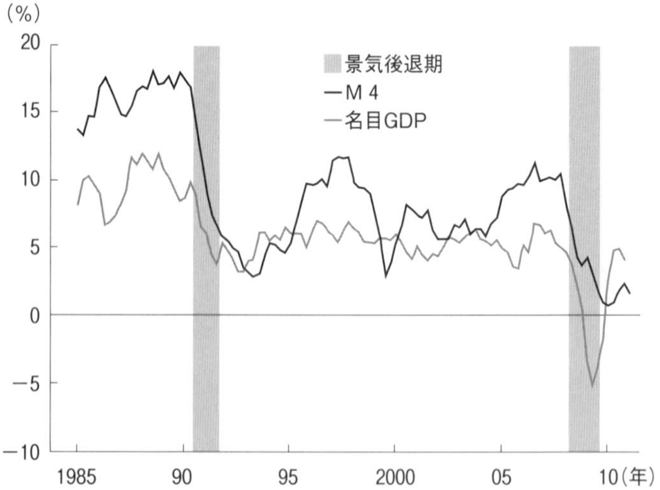

（出所）*Inflation Report*〔May, 2011〕16頁

融組合といった信用創造が可能な預金取扱金融機関の貸出等が低迷していることであるが、銀行等にとって、超安全な付利される準備預金という運用資産がある一方、リスキーな貸出を行えば信用リスクを抱え、かつ自己資本比率が低下してしまうという状況のもとでは、融資基準を厳しくするというのが合理的な選択であろう。さらに、銀行は自己資本の強化のために増資を行ったり、後述のとおり量的緩和は若干ではあるがイールドカーブをフラット化させる効果があったりすることから、債券発行を増加させてきている。

こうした銀行による増資や債券の発行は、それが非銀行部門により保有された場合は、預金量（マネーストック）が減少することになる。またイールドカーブのフラット化により、民間非銀行部門の債券発行が活発化し、それにより得られた資金（預金）により銀行貸出が返済された場合には、これまた預金量（マネーストック）が減少してしまう。量的緩和によるマネーストック増というマネタリスト的な期待は実現していないのである。

量的緩和政策によりポートフォリオ・リバランス効果的なものが発現しているかといえば、日本の量的緩和期においてもそれはみられなかったわけであるが、イギリスにおいてもこれは確認できていない。銀行部門が大きく傷ついている状況下において、銀行の企業への貸出も伸びてはいないし、家計への住宅ローンや消費者信用も伸びてはいない。BOEの国債購入の景気への影響は限定的との見方が一般化することになっているのである。

(4) インフレーション・ターゲティングへの疑問

ただしインフレ率（CPIの前年同月比上昇率）は、2010年１月から2012年３月までの長い期間、３％超の状態、すなわちインフレーション・ターゲティングの枠組みにおけるターゲット・レンジを上方に外れるという事態が続いた。また、これまで好評であった『インフレーション・レポート』における物価の将来予測のファンチャートの範囲を実績値が外れてしまうという事態まで発生しているのである。

これについては、たしかに付加価値税（VAT）の引上げ（2010年１月からは15％→17.5％、2011年１月からは17.5％→20％）

や原油価格等の資源価格の上昇といった、必ずしも金融政策の責めに帰すことができないものが大きく影響し、さらにはポンド安といった要因も無視できない。

しかしながら、これまでインフレーション・ターゲティングの枠組みを自ら賞賛してきた主体としてはかなりみっともない事態であるといえるし、レンジを外れた際のBOE総裁から財務大臣への公開書簡がそれほど注目されなくなってきているということも、逆に中央銀行のクレディビリティ・リスクを高めてきているように思われる。このような事態は、インフレーション・ターゲティングという枠組み自体への疑問へとつながって当然であるように思われるのである（図表3－9参照）。

いうなれば一種の手詰まり感のなかでBOEは、2010年以降は身動きがとれなくなってしまったような印象を受ける。インフレーション・ターゲティングの枠組みのもとでは、CPIの上昇率がターゲット・レンジを上方に外れているのであれば、金融引締め（政策金利の引上げ）が当然の選択肢であろう。しかしながら2010年5月以降のデーヴィッド・キャメロン保守党・自由民主党連立政権による緊縮財政の影響もあり、景気が低迷しているなかで金融引締めにはなかなか踏み切れない。

このような状態が最適なポリシーミックスであるのかとの疑問はさておき、他方でそれほど意味があるとは思えない量的緩和の拡大にも踏み切れないという状態が続いているとみなせるであろう。実際、2011年のMPCの議事録をみると、据え置き派、利上げ派、量的緩和拡大派の3通りの意見が出て、結局、据え置きに落ち着くという状態になっていたようである。

図表3－9　インフレ率および将来予測（物価の前年比増加率）

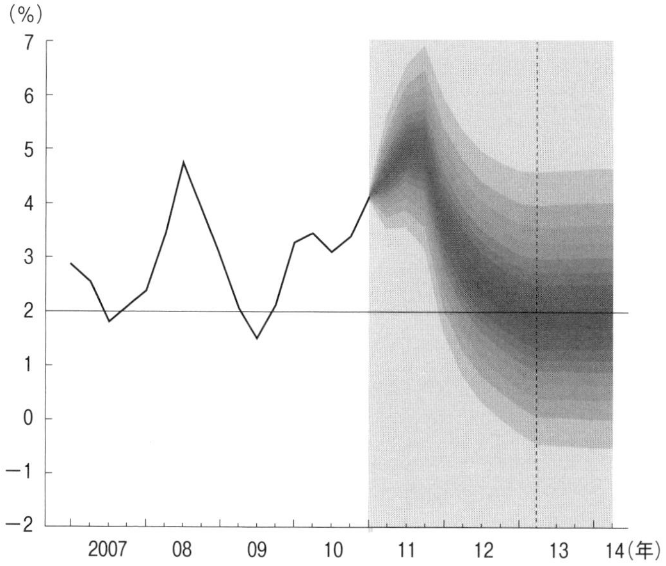

（注）　将来予測は、政策金利を市場予想ベース・APF2,000億ポンドが前提。
（出所）　*Inflation Report*〔May, 2011〕39頁

(5)　量的緩和政策の効果

それでは結局、BOEによる量的緩和政策にはどのような意味が見出せるのであろうか。2009年度のイギリスの国債発行額は約2,300億ポンドであり、前年度の約1,500億ポンドを大きく上回ることとなった。このような状況下でのBOEによる既発債の大量購入は、新発債の発行を容易にし、さらにイールドカーブをフラット化することに貢献した可能性がある。これは、もし大量購入がなかったとしたならばどうであったか、ということとの対比からのものであるが、BOEとほぼ同時期に

国債の大量購入を開始したFRBと比べるならば、BOEのほうが効果はあるとの分析もみられる[11]。

しかし、それと「量」との間の比例的な関係があるということではない。また、図表3－10は国債利回りの推移（OISレートとのスプレッド）をみたものであるが、量的緩和政策の採用後に一時的に利回りが低下したものの、それが量的緩和の拡大とともにいっそう進展したという証拠は得られてはいないと解釈できる。特に量的緩和といっているわけであるから、「量」

図表3－10　国債金利とOISのスプレッド

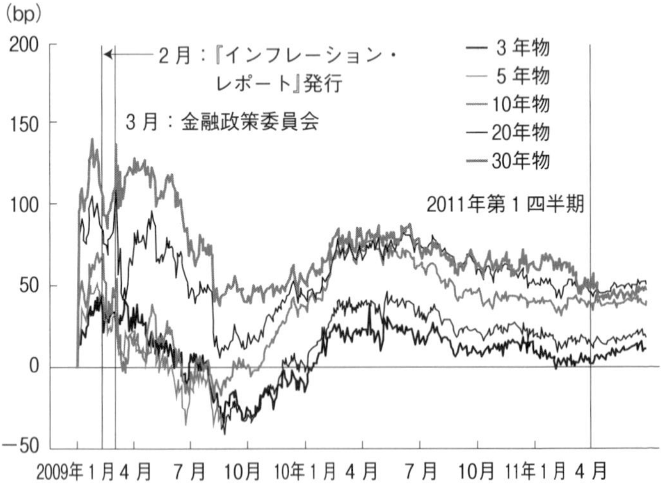

（出所） *APFQR*〔2012Q1〕3頁

11　須藤〔2009〕を参照。ただし、これも25年超といった長期ゾーンにおけるフラット化であり、それが実体経済に好影響をもたらすといった効果は期待できないといってよい。

を500億ポンドから2,000億ポンドに増やしたことにより「量」の効果がいわば比例的に表れるということでなければならないというふうに考えるのであれば、そういった効果は表れてはいないといえる。

FRBは、現在ではQE 1と呼ばれている量的緩和政策において総額1.725兆ドルの債券の購入を行ったが、このうち国債は約3,000億ドルであり、これについては効果がはっきりとしないということから2009年10月にこれを停止している（QE 1自体は2010年6月まで）。これはおそらくは国債市場の規模と購入額の対比から説明可能な事態であろう。

なお、一般には量的緩和（QE）と呼ばれてはいるが、FRB自身はこの用語を使うことには非常に禁欲的であるというか、自身ではほとんど使用していないということには留意すべきである。QE 1においては、通常では購入しない資産を購入する信用緩和（CE）であることが強調された。

また、FRBは2010年11月から2011年6月の間、QE 2と呼ばれる6,000億ドルの国債買入れを行った。QE 2でも、FRB自身はこれを量的緩和とは呼ばずに大規模資産購入（LSAP）と呼んだのであった。この点は、2012年9月以降実施されているQE 3においても同様である。そして2013年末まで毎月国債を450億ドル、MBSを400億ドルの計850億ドル購入し、さらに失業率目標（6.5%）等のフォワード・ガイダンス（時間軸政策）を導入してきた。

しかし、そのFRBも2014年以降は、国債およびMBSの購入額（月額）をそれぞれ50億ドルずつ縮小させることを発表した。FRBは、これは緩和の縮小を意味しないということをマーケットに対して説明しつつ、このいわゆる緩和逓減（tapering）を行うこととしている。しかしながらこれはやはり“出口”へと向かう方向への動きであることは間違いなく、その株価、長期金利、為替相場等に与える影響が注目されるわけである。

それはともかくとして、イギリスにおける国債の大量購入の影響を考えるならば、BOEによる国債購入によるイールドカーブのフラット化は明確なかたちでは認められないとしても、もしAPFによる大量購入がなければどうなっていたかを考えれば、それは上方にシフトしていたと考えるのが自然であろう。これは、日本において日本銀行が長期国債の買切りオペを停止したら何が起きるか、を想像すればわかることであろう。

すなわち、イールドカーブを需要補完により上方にシフトさせなかったという効果は認められるかもしれない。ただし、中央銀行による大量国債購入には財政赤字の貨幣化（マネタイゼーション）であると受け取られるならば弊害が発生する可能性がある。これには政府の緊縮財政の効果は一応認められるのである。結局、BOEによる量的緩和の効果はそれほど期待できないし、他の中央銀行の危機対応策との相違点も明確ではなくなってくるといえるであろう[12]。

BOEはリーマン・ショック以降、特に2009年３月の量的緩和政策の採用以降、バランスシートを大きくふくらませている。これを長期でみると、GDP対比でみたBOEのバランスシートの水準は第二次世界大戦中に急膨張し、戦後は低下傾向が続いていた。しかしながら今次金融危機の過程で、その比率は急上昇している。これはアメリカ（FRB）においても同様であるが、国際比較をしてみると、量的緩和期にバランスシートを急膨張させた日本銀行のそれの対GDP比の水準はBOEやFRBよりも大きい、ということは認識しておいたほうがよいと思われる（図表3－11参照）。

図表3－11　中銀B/S対名目GDP比

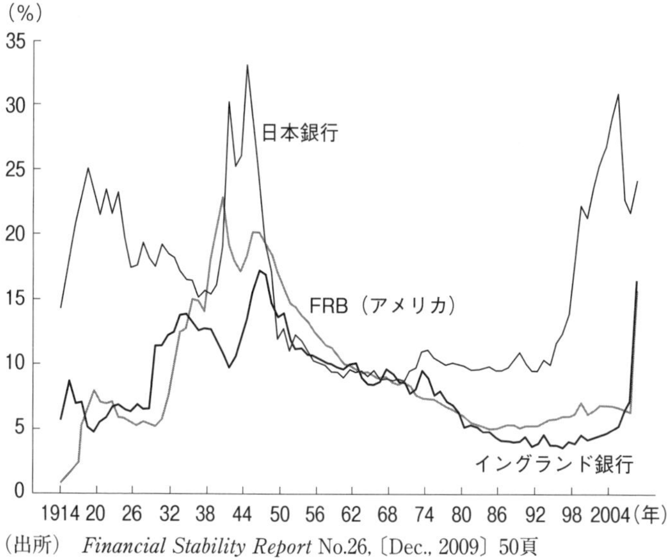

（出所）*Financial Stability Report* No.26,〔Dec., 2009〕50頁

12　翁〔2011〕は、BOEの量的緩和はマネーに影響することはないが、長期金利の押下げ期待が指摘でき、この観点からは「リスクプレミアムに働きかける信用緩和や日本銀行の包括緩和に近接してくる」（205頁）としている。

一部には、リーマン・ショック以降の中央銀行のバランスシートの膨張率を比較して、日本銀行の緩和措置が不十分であるという非難もあるが、それは今次危機による金融部門の傷つき方の度合いを反映していると考えたほうがよいように思われるし、バランスシートの拡大と金融政策の緩和度とを単純に結びつけて考えることは危険であろう（この点についても次章で検討することとしたい）。

最後に、本章では簡単にBOEの量的緩和からの出口戦略について触れておくこととしたい。これは2013年７月に就任したカーニー新総裁の最大の課題となろうが、BOEの目標は、金利を正常化し、2006年５月の金融調節方式変更時の姿に復帰させ、超過準備を解消することであろう。その道のりは種々考えられようが、インフレ懸念がより大きくなりホームメード型へと転化するような事態になった際には（実際のインフレ率も上昇するようになれば）、政策金利を引き上げることがインフレーション・ターゲティングの枠組みからは当然であろう。しかし終章でみるように、2014年前半時点のBOEはこのような予想を抑え込むのに必死である。インフレーションを防ぎ、通貨価値を安定化させることができる中央銀行であるか否かが近い将来において問われることとなると思われるのである。

一方、量的緩和の継続によっても逆にインフレ率がマイナスとなってしまうといった事態も考えられないわけではない。いわば日本が陥ったような状況となる可能性である。しかし、そのこともまた量的緩和政策の意味が大きくなかったことの証明となってしまうであろう。

(6) 非伝統的政策の採用の結末は

以上、今次金融危機に対応してBOEがとった措置について検討してきた。これらをまとめると、政策金利の引下げ以外の種々の非伝統的・非正統的政策を活用したということができる。BOEにおいては国債のアウトライトオペが非伝統的・非正統的政策と位置づけられているが、これは日本との比較において重要なことである。また準備預金制度を活用し、短期名目金利をゼロとすることなしに量的緩和を実施したという点は注目されるべきであろう。これは日本銀行の量的緩和政策に学んだ点があるのでは、と推察できる。

イギリスにおいても量的緩和政策において「量」そのものの緩和効果があるかどうかについては疑問符をつけざるをえない。「量」の緩和効果があるようにみせているだけというのが実態であるように思われるのである。結局のところ「量」の増加は出口が遠くにあるとみせかける効果、イコール“時間軸効果”なのではないだろうか。この点についても、イギリスでは準備預金に付利されていることがかつての日本との違いで考えておいたほうがよいかもしれない。

日本においても、量的緩和政策の出口が問題となった時点では準備預金への付利を予想する向きもあった。しかし、実際は金融市場調節の目標を日銀当座預金残高から短期金融市場金利とするという変更が行われ、それに伴い日銀当座預金残高は減少していったのであった。奇妙であったのは、量的緩和期に日銀当座預金残高目標の増加および実際の増加を金融緩和と称していたのに、この時期の日銀当座預金残高の減少を引締めと非難する向きが少なかったことである。これが引締めでないのなら、量的緩和は緩和ではなかったと考えるべきだったのではないだろうか。

それはともかく、イギリスにおいても量的緩和の効果が限定的であると考えられるのは、イギリスにおいても銀行貸出の制約要因がリザーブであるとは考えられないからである。

BOEの大量国債購入と、危機対応として世界各国において財政出動がされており、財政赤字が拡大し国債発行が増加していることの関係をどうとらえたらよいのであろうか。景気低迷下においては長期金利の上昇を抑える必要があることから、中央銀行に国債購入への圧力がかかりやすくなってきている。中央銀行の買いオペで国債の利回りを低下させるには、中央銀行が国債市場における価格形成を支配できるほどの圧倒的に巨大な購入者となるということと、中央銀行が巨額の国債を購入しても人々にそれが財政赤字の貨幣化（マネタイゼーション）と思わせないことが重要であろう。

BOEは、非常に大量の国債を購入したということで前者の条件を満たした。一方、政府の緊縮財政は後者の条件を満たしたとはいえるが、繰り返しになるが、それが最適なポリシーミックスであったかどうかは疑わしい。BOEの金融政策が2010年以降、身動きがとれなくなっているようにみえるのは、これまたイギリスの危機の深刻さを表しているように思われる。

イギリスは近年、金融立国路線をとってきた。そして、金融政策・金融規制は金融機関の不適切な行動を止めることに失敗した。イギリスは第二次世界大戦後、ヨーロッパの一小国となる選択肢しかとりえなかった。ポンド危機、英国病というのは停滞を象徴するものでもあった。そこから脱却しようとしたサッチャー改革以降の種々の動きは、現時点で考えるならば、所詮老大国の悪あがきにすぎなかったのでは、との感を抱かざるをえない。

金融立国路線による束の間の見かけ上の好調は、やはり徒花《あだばな》にすぎなかったのであろう。外国系企業以外の産業は消えてしまい、地方は疲弊している印象がある。地方都市に行っても、大都市のミニチュア版のショッピングモール以外には人が集まる場所もないような状態である。今次金融危機は、アメリカの覇権の“終わりの始まり”かもしれないが、長期間にわたるアングロ＝サクソンによる覇権の変化とともに、イギリス経済・金融の相対的な地位低下がいっそう進むのではないだろうか。

そう考えるならば、失敗続きの老大国において、金融政策のみが光り輝く成功を遂げてきたなどと考えることには無理があるのは当然である。マネーサプライ・ターゲティングがうまくいかず、その後、ようやくERMに参加したものの、1992年にはジョージ・ソロスにしてやられ、それからの離脱を余儀なくされた。そして、仕方なく高インフレ回避のために導入したのがインフレーション・ターゲティングであったことを考えるならば、それがそれほど自画自賛できるほどのものであるわけもなく、その限界が今次危機において明らかになっただけとも評価できる。

ゼロ金利制約からこれまた効果が不明確であることがわかっているにもかかわらず、量的緩和政策を導入せざるをえず、その出口政策も混迷している。量的緩和導入に際してのBOEの説明は、あまりに単純なマネタリスト的なロジックに依拠していたような印象がある。当然のことながら、BOEの理論水準はそれほど低くはない。そのような言説は、BOEのクレディビリティ・リスクにつながらないのであろうかと心配ではあるが、これまた危機からの脱出がむずかしいことの象徴であるかもしれないのである。

第4章

イギリスと日本の量的緩和政策

1 2001年からの日本銀行の量的緩和政策からの教訓

(1) 量的緩和の標榜

前2章（第2章・第3章）においては、イギリスの中央銀行であるイングランド銀行（BOE）の平時の金融調節の姿およびその目的、さらには今次金融危機への対応として非伝統的・非正統的政策と呼ばれる量的緩和政策の採用へと追い込まれた経緯、そしてそれがこれまでさしたる効果をあげてこなかった点等についてみてきた。

本章においては、量的緩和を標榜する政策という意味では先輩である日本銀行の2001年からの金融政策とBOEのそれを比較することにより、金融政策における問題点のいくつかを明確にすることとしたい。

2001年から約5年間採用された日本銀行の量的緩和政策は、さしたる効果をあげることはなかった一方、短期金融市場の機能不全という副作用をもたらした。今次危機に対応した各国の中央銀行は、この日銀の経験を参考としてか自らの採用した非伝統的・非正統的と呼ばれる政策について量的緩和政策と呼ぶことには禁欲的である。そのなかでイギリスの中央銀行であるBOEは、2009年3月以降採用している政策を明確に量的緩和政策と位置づけている。

ただし、BOEの量的緩和政策はこれまでのところさしたる効果をあげておらず、インフレーション・ターゲティングの枠組みとの関係でも、レンジを上方に離れた段階においても引締政策に転換できないなど、その限界が明らかとなっている。また、一般向けの説明についても単純なマネタリスト的な説明を巧妙に変化させ、効果のなさを認めつつも「それがなければ経済には大きな痛みが生じたであろう」的な説明を行わざるをえないほどに追い込まれている。さらには、量的緩和の効果がないことを認め、より直接的に銀行に貸出増加のインセンティブを与える制度（FLS）を導入したが、その効果もこれまでのところ確認できてはいない。

一方、日銀も今次危機対応で種々の措置をこれまでとってきてはいるが、2001年からの時期と決定的に異なるのは超過準備に付利を行う制度（補完準備預金制度）を導入したことである。これにより供給した資金を事実上「吸収」することで、市場機能維持のための潤沢な流動性供給と金利機能維持を両立させることを可能としたのである。

しかしながら今次危機対応の金融政策は、日本においてもさしたる効果をあげてこなかったし、2013年４月以降の黒田新体制による、いわゆる「異次元緩和」の効果についてももう少しその副作用に注目しつつ見守る必要があろう。一方、イギリスにおいては外国人の中央銀行総裁を招いてのレジーム・チェンジということになるかもしれないが、両者の今後は不透明であるといってよいであろう。

⑵　2001年からの日銀の量的緩和政策

周知のとおり日本銀行は、2001年２月から約５年にわたり量的緩和政策を実施した。その内容は、金融調節の操作目標を従来の政策金利（無担保コールレート）から日銀当座預金残高に変更し、準備預金制度が要求する以上の目標とするというものであった。その意味では、これは超過準備ターゲティングと呼んでさしつかえないということになろう。

中央銀行のバランスシートの負債項目の当座預金を拡大させるための主たる手段として用いられたのが、長期国債の買切りオペの増額であった。量的緩和政策の採用に際して日銀は、長期国債の保有残高を日銀券の発行残高を上限とするという「日銀券（銀行券）ルール」を明らかにした。これは、非伝統的・非正統的政策を採用せざるをえなくなった中央銀行の最後の規律の表明とでもいうものであった。

この、いやいやながら採用したものと評価できる異例の政策に日銀が追い込まれたのはなぜであろうか。それは1999年２月から採用した、これまた異例の政策であるゼロ金利政策の解除時期が、おそらくは若干早かったことによるものである。後知恵的にいうならば、ゼロ金利政策（それは超過準備を約１兆円供給することにより達成された）の採用は誤りであり、準備預金への付利等の方策により名目短期金利をゼロとすることは回避すべきであった。

異例の政策であるゼロ金利政策の早期解除に当時の速水優総裁はこだわった。ゼロ金利解除が提案された2000年８月11日の「金融政策決定会合」においては、政府委員（議決権はない）からはじめての議決延期請求がなされた。この請求については、政策委員会において否決した後に、執行部提案について採決されたわけであるが、この過程自体が日銀と政府の間に政策決定に関して緊張が走った証拠となっている。当時の審議委員のうち、一貫してゼロ金利以上の緩和措置を主張していた中原伸之審議委員と、もう少し解除時期を遅らすことのデメリットは大きくないと主張した植田和男審議委員はゼロ金利政策解除に反対したが、賛成多数で解除が決定された[13]。

現時点で考えれば、植田審議委員の見解が妥当で、その後ITバブルの崩壊による景気減速があったことから、日銀としてはゼロ金利への復帰ないしはその他の緩和措置をとらなければならないように追い込まれたというのが量的緩和政策の採用に至る経緯であった。翁〔2011〕はゼロ金利政策の解除時期を誤ったことに関して、当時の速水総裁の経歴およびパーソナリティーが理由であったとの評価を行っている（翁〔2011〕194～195頁）。

当然のことながら、ゼロ金利政策への復帰という選択肢もあったであろう。しかしいわば日銀無謬性論へのこだわりであるのか、決定されたのは操作目標を短期金利にかえて日本銀行当座預金残高とするものであった。しかも2001年3月にそれが導入された時の操作目標の残高は、ゼロ金利政策期と同じ超過準備1兆円の約5兆円であった。この段階では、あえて操作目標の変更を行わなくてもよいのではとの感があったのも事実であった。

その後、同年8月に残高目標を6兆円に増額した後に、9.11事件への対応等を理由として9月に6兆円超と残高目標を調整

13　ゼロ金利政策解除の事情については、梅田〔2011〕が丹念に議事録を検討している。

した。この時期以降、超過準備相当額の保有主体は、ゼロ金利政策当時に準備預金制度非適用先であった短資会社等から適用先の大銀行へとシフトした[14]。その後、緩和措置は徐々に拡大され、特に2003年３月の福井総裁就任後は残高目標が急拡大した。その最大値は2004年１月以降の30兆〜35兆円であった。

この量的緩和政策は、さしたる効果を発揮することなく2006年３月に終了した。インフレ期待に効果があったとの議論も一部にはあるが（原田・増島〔2010〕、本多ほか〔2010〕等）、「量」についての「比例的な緩和効果」などは断じてなかったと言い切れるであろう。そして短期金融市場関係者からは、量的緩和政策というものは「ギミック」、すなわちインチキであるとの見解が一般化するまでとなっていたのであった（加藤〔2004〕）。

(3) 量的緩和政策の効果が乏しかった理由

それではなぜ量的緩和には効果がなかったのであろうか。それは、この時期の量的緩和政策とは超過準備ターゲティングであったということに関連する。

1990年代初めのいわゆるマネーサプライ論争（岩田・翁論争）において、物価上昇率がマイナスになっている状況への対応としてベースマネー増を求めた論者（岩田規久男など）に対して、論争の一方の当事者であった翁邦雄は「現在の準備預金制度を前提とする限りは、超過準備供給を行えば短期金融市場金利はゼロとなってしまう」という趣旨の議論を行っていた。そ

14　詳しくは斉藤〔2006①〕第４章を参照されたい。

れは図らずもその後のゼロ金利政策、量的緩和政策で実証されたわけである。

そして、翁がゼロ金利政策期に発表した「ゼロ・インフレ下の金融政策について」(翁〔1999〕)においては、「「ゼロ金利を通過しないと量的緩和はできない」という論点は、現実にゼロ金利が発生するまで実務家以外にはほとんど理解されなかったが、逆に、日本銀行が金利を操作目標としているとはいえ翌日物コールレートをゼロ近傍に誘導している現時点では、量的指標を金融政策の尺度にすることの現実性は遥かに増している」(146頁)としていた。

現時点において、この点については若干の補足が必要である。というのも、当時は準備預金に付利がなされていなかったからであり、これはその条件下における事態だったからである。確認のために説明すると、準備預金に付利がなされない状況下においては、所要準備を超えて超過準備を供給すると、短期金融市場金利の名目値はどんどんとゼロへと近づいていくということである。

同論文で翁は超過準備ターゲティングに対して、以下のとおり疑問を表明している。

(超過準備ターゲティングに対する疑問は)「中央銀行の当座預金にとどまっている限りは、何のリターンも生まない超過準備にどのような働きを期待し得るのか、という点である。超過準備が生きるかどうかは、運用機会の有無にかかっている。この点、金融論の教科書にある最もシンプルな信用乗数論の世界では、銀行にとって貸出機会が無限にあるにもかかわらず、準備預金の制約で十分資金が貸せない、ということを想定しているので、中央銀行が準備を供給するとすぐ貸出が増え、結果として所要準備額が増えて超過準備がゼロになる。しかし、超過準備が恒常的に発生し、準備預金の量や銀行の調達金利が銀行行動の制約でなくなっている状況、あるいは、準備預金でなく銀行の自己資本や企業の健全性が銀行与信の制約になっている状況では、超過準備の積み上げが貸出を増やすというメカニズムは担保されていない」（翁〔1999〕147頁）

この状況が現実にその後の量的緩和政策期に発生した。銀行行動を制約したのは準備預金（リザーブ）量などではなかったのである。したがって量的緩和政策はさしたる効果を発現させることはできず、短期金融市場が機能停止に追い込まれるという副作用が発生してしまった。

(4) 出口における当座預金残高の急減をどう評価するか

結局、量的緩和政策は、経済の自律的回復とともに「消費者物価指数の前年同月比の上昇率が安定的にゼロ％以上」となるという同政策の解除条件が達成されたとみなされたため、2006年３月に解除された。この時期には、いわゆる出口政策についての予想もあり、段階的な操作目標（日銀当座預金残高）の削減のほかにも、「準備率の引上げ」や「日銀当座預金への付利」といったものもあった。しかしながら実際の出口は、金融政策運営上の操作目標を「日本銀行当座預金残高」から「短期金融市場金利（無担保コールレートのオーバーナイト物）」に変更し、それをゼロ近傍とするというゼロ金利政策への復帰であった。

この結果、超過準備は短期間で解消に向かい、その後、政策金利は金利正常化を意識して0.25％（2006年７月）、0.5％（2007年２月）と変化したが、世界的な金融危機の発生により危機モードの金融政策の採用を余儀なくされていることは周知のとおりである。

この短期間での超過準備の解消、すなわち日銀当座預金残高の減少によって、強い引締効果は発現しなかった。前述の量的緩和期における期待インフレ率の変化を指摘する議論も、短期間でのリザーブの急減少の影響による期待インフレ率の急低下は指摘してはいない[15]。ここでの強い引締効果がなかったのは、そもそも銀行の貸出が伸びなかったのはリザーブが制約要因ではなかったことを考えると当然のことであった。

これを日銀の説明責任という面からとらえるならば、当座預金残高目標の引上げを緩和といっていたことに対する責任はどうであったのか、ということを問題にせざるをえないと思われるが、今日に至るまでこの点についての納得できる説明はなされてはいないように思われる。多少の期待を込めていえば、量的緩和政策が期待された効果をほとんど発揮できない半面、副作用があったということは、それ以降の政策に反映していった部分があったのではないかと思われる。

15　岩田〔2012〕は一応指摘しているが、それがマイルドであることの説明はない。

2 イングランド銀行の危機対応と量的緩和政策

(1) イングランド銀行の平時の金融調節

他の主要中央銀行と同様に、イギリスの中央銀行であるBOEも世界金融危機への対応として、危機モードの非伝統的・非正統的といわれる金融政策を採用せざるをえない状況に追い込まれている。BOEは2006年5月に金融調節方式を大きく変更しているが、これはいわば平時モードの金融調節方式を放棄せざるをえなくなったということであった。

2006年5月のBOEの金融調節方式の変更については第2章で詳しく論じており、さらに第3章においても触れているので、ここではその最重要点だけを確認のために簡潔に述べ、かつ説明を若干わかりやすくすることとしたい。

要するに、2006年5月の金融調節方式の変更における最大のポイントは完全後積み方式の準備預金制度の導入である。ここで注目されるのは、準備額は積み期間開始の2日前に金融機関（銀行）の側からBOEに通知する制度となっていることである。

ここでは、準備率操作という概念自体が消失しているのである。この準備預金には付利がなされ、それがBOEの政策金利とされていた。そしてこの政策金利こそ、基本的な資金供給手段である短期レポオペ（期間1週間）の適用金利とされていた。ただし、銀行は自ら申告した準備額を平残ベースで1％を超えて下回った場合には、ペナルティとして準備預金には付利されない。それだけではなく同じく1％超の超過準備をもった際にも付利はされない制度設計となっていた。

銀行は準備預金に付利されなければ超過準備を保有しようとはしない。それは現金保有をできるだけ少なくしようとすることと同様に、資産側に無利息資産を保有しようとはしないからである。例外はゼロ金利政策がとられた場合であり、短期金融市場に資金を放出しようが超過準備を保有しようが同じこととなる。逆にいうと、超過準備に付利がなされなければ、前述のとおりゼロ金利を通過しない限り超過準備供給はむずかしいということになる。

さらにいうと、準備に付利がなされれば銀行の超過準備保有の可能性は各段に高まることとなる。これが今次危機対応において各中央銀行が準備預金への付利を行っている理由であるが、銀行の立場からはそれは安全な運用機会であり、中央銀行手形や中央銀行債券の保有（このような場合は超過準備保有とはならない。そして、このような手段は債券売りオペレーションと同様に明確な資金吸収手段である）と同様の意味をもつものなのである。となれば、中央銀行による準備預金への付利は資金吸収手段であるということになるが、この点についてあらためて述べることとする。

こうした事情から、BOEは銀行が超過準備をもつインセンティブをなくすために超過準備に対するペナルティを設けたわけである。それは、完全後積みの準備預金制度を導入しても、銀行が安易に超過準備を保有することになれば準備需要が不安定化してしまうからにほかならない。BOEは積み期間に必要とされる準備を基本的にはオペを通じて100％供給することにより、超短期の金利を政策金利近辺に誘導する仕組みとしてこの準備預金制度を導入したのである。

主として積み期間の終わりに量的な面での微調整のためにファインチューニングオペを設け、金利水準の誘導のためにはスタンディング・ファシリティ（貸付ファシリティ・預金ファシリティ）を設けるというのが、平時の金融調節の姿として想定されていたものであった。

(2) ノーザンロック危機時の準備預金付利範囲拡大の理由

この平時の制度の維持をむずかしくしたのが今次危機であり、イギリスにおいてはノーザンロックの流動性危機がその始まりであった。2007年９月に発生したノーザンロックの流動性危機については第２章で簡単に、そして別稿において詳しく論じたので（斉藤・簗田〔2010〕第４章）、ここではノーザンロックに対するBOEの流動性供給がその金融調節方式にどのような影響を与えたのか、を中心にみることとしたい。

パリバ・ショックの影響でイギリス国内でのMBS販売が不能となったノーザンロックは資金調達に行き詰まることになり、リーク報道もあったことから2007年９月には140年ぶりといわれる取付け騒ぎまで発生した。結局、同行はBOEに緊急の資金供給を要請せざるをえず、BOEもこれに応じざるをえなかった。

この事態に対応すべく、BOEは2007年９月にその金融調節方式を一部修正せざるをえなかった。その１つに、準備預金の付利範囲（通常は申告額の上下１％）の拡大がある。具体的には

BOEは９月13日に準備預金の付利範囲を上下37.5%に拡大し、９月18日には上下60%とした（前出・図表３－２参照）。

なぜ、このような措置が必要となったかについては若干の説明が必要であろう。ノーザンロックからの資金流出は当然のことながら同行の準備減少をもたらす。その結果が他行に及ぼす影響について、可能性としては、①銀行券増（他行への影響なし）と②他行預金増（＝他行準備増）の２つが考えられる。これを２行モデルで説明したものとして図表４－１の①・②を参照されたいが、ここではノーザンロックをＡ銀行、その他の金融機関全体をＢ銀行ととらえてもよいであろう。

①のケースにおいて中央銀行からの資金供給があればＡ・Ｂ両行を統合したバランスシートにおいても超過準備は発生しない。市中保有銀行券残高（銀行券発行額）が増加するだけである。②のケースにおいては、中央銀行によるＡ銀行に対する資金供給によりＢ銀行に超過準備が発生してしまう。Ａ銀行が中央銀行に流動性支援を要請するというのはインターバンク市場による準備調整が不可能な場合であり、このような緊急時において中央銀行の資金吸収は困難である。したがって、Ｂ銀行の超過準備は解消しない。このような状況を「中央銀行のＡ銀行への資金供給はマーケット全体への資金供給となってしまう」と表現するわけであるが、ノーザンロックへの資金供給はこのような事態を発生させたのであろうか。

この点を確認するために、図表４－２で2007年９月のBOEのバランスシートを振り返ってみると、銀行券の増加はみられていない一方で準備預金が増加していることがわかるであろ

図表４－１　預金流出と中央銀行の流動性供給

［A銀行］

資産		負債	
準備預金	10	中央銀行信用	10
国債	20	預金	100
貸出金	80		

A銀行から預金流出10（準備率10%）

［B銀行］

資産		負債	
準備預金	10	中央銀行信用	10
国債	20	預金	100
貸出金	80		

B銀行は変化なし

①　銀行券増⇒過少準備（９）

資産		負債	
国債	20	中央銀行信用	10
貸出金	80	預金	90

①′中央銀行から流動性供給

資産		負債	
準備預金	9	中央銀行信用	10
国債	20	中央銀行信用	9
貸出金	80	預金	90

② B銀行に預金流出⇒過少準備（9）

国債	20	中央銀行信用	10
貸出金	80	預金	90

B銀行に超過準備（9）発生

準備預金	10	中央銀行信用	10
準備預金	10	預金	100
国債	20		
貸出金	80		
		預金	10

②′ 中央銀行から流動性供給（通常時は短期金融市場により調整）

準備預金	9	中央銀行信用	10
国債	20	中央銀行信用	9
貸出金	80	預金	90

B銀行の超過準備は解消せず
⇒A銀行への流動性供給がマーケット全体への資金供給となってしまう意味

う。すなわち、図表4－1におけるケース②が発生したわけである。この超過準備を放置するならば、ノーザンロック以外の銀行において超過準備保有によるペナルティが発生してしまう。また市場混乱時においては資金吸収もむずかしいことから、ペナルティ（超過準備）を回避するためにも付利範囲の拡大が必要とされたわけである。

図表4－2　ノーザンロック危機前後のBOEのバランスシート

（単位：千ポンド）

2007年（月日）	9.5	9.12	9.19	9.26	10.3
（資産）					
短期リバースレポ	35,690,100	34,480,100	42,798,200	40,950,100	33,649,800
長期リバースレポ	14,999,900	14,999,900	14,999,900	14,999,900	14,999,900
対政府貸付	13,369,847	13,369,847	13,369,847	13,369,847	13,369,847
債券等	7,732,029	7,783,788	7,839,651	7,864,661	7,795,424
その他資産	12,428,488	13,145,461	16,026,789	20,896,908	23,807,367
計	84,220,365	83,779,097	95,034,389	98,081,417	93,622,339
（負債）					
銀行券	40,705,319	40,326,170	40,406,000	40,425,051	40,610,785
準備預金	20,593,753	19,811,977	29,010,021	29,226,353	26,809,006
外貨建て債券	4,381,403	4,425,828	4,514,407	4,521,152	4,482,392
CRD	2,716,393	2,716,393	2,716,393	2,716,393	2,716,393
その他負債	15,823,495	16,498,727	18,387,565	21,192,466	19,003,760
計	84,220,365	83,779,097	95,034,389	98,081,417	93,622,339

2007年（月日）	10.10	10.17	10.24	10.31
（資産）				
短期リバースレポ	27,579,900	26,589,800	25,619,800	20,609,900
長期リバースレポ	14,999,900	14,899,900	14,899,900	14,899,900
対政府貸付	13,369,847	13,369,847	13,369,847	13,369,847
債券等	7,776,763	7,691,005	7,690,652	7,663,291
その他資産	26,078,699	29,127,352	33,780,817	35,990,532
計	89,805,111	91,677,905	95,361,817	92,533,472
（負債）				
銀行券	40,522,652	40,529,225	40,609,709	40,816,678
準備預金	20,815,505	21,731,204	24,114,542	20,061,920
外貨建て債券	4,473,497	4,499,402	4,502,176	4,491,645
CRD	2,716,393	2,716,393	2,716,393	2,716,393
その他負債	21,277,063	22,201,679	23,418,194	24,446,834
計	89,805,111	91,677,905	95,361,817	92,533,472

（出所）　Bank of England “Bank Return” より筆者作成

(3) 量的緩和以前の危機対応

その後、BOEはこの付利範囲を急激に縮小することなしに金融調節を続け、所要準備額も大きな変化はなかった。リーマン・ショック前までの時期までのBOEの金融調節をみるならば、まずは2007年12月にようやく政策金利を0.25%引き下げ、5.5%とした。2009年3月以降の政策金利の水準は0.5%であるが、金利についてはこの時点では微調整といったものであったといってよい。

ただし資金供給面では、2007年11月に年末対策として5週間物レポオペを実施したり、同年12月および2008年1月に臨時実施した3カ月物レポオペの対象としてRMBS・ABS等を追加したりするなど、一種の信用緩和措置を行った。さらに長期レポオペを拡大し、平時の資金供給の基本である短期レポオペを急激に削減した。したがってこの時点ではBOEのバランスシートは拡大はしたものの極端に大きくふくらんだわけではないということを確認しておきたい。混乱時以外では資金供給の一方で資金吸収が行われていた（短期レポオペの削減を含む）のである。

2008年に入ってからは、1月に国債（ギルト債）のアウトライトオペを開始し、危機が深化していく過程で4月には特別流動性スキーム（SLS）の導入を行った。これは、流動性が失われた証券化市場対策としてMBS等を担保にTBを貸し出す制度で、2009年1月に終了するまでの貸出額は1,850億ポンドにのぼった。担保証券の額面は2,870億ポンド、ちなみに2009年1月末時点のそれらの時価は2,420億ポンドであった。その後の量的緩和政策の導入を考えると、リーマン・ショック以前のBOEの金融政策は危機モードのもので、平時モードとは異なるとはいえ、まだその程度は平時のそれから限りなく乖離するといったものではなかったといえる。

(4) 量的緩和政策の採用

BOEの危機対応策は2009年に入って以降、新たな段階を迎えることとなった。

1月30日に資産買取基金（APF）をBOEの子会社として設立した。APFの役割はその名のとおり資産の購入を意図したものであったが、当初の買取枠は500億ポンドで民間資産の購入のためのものであり、この段階では信用緩和的であったといえよう。しかもこの購入資金は、TBの発行によりファイナンスされていた。TBの発行は市場からの資金吸収になるわけであり、その後に資産購入が行われたとしても資金吸収分の資金供給がなされたということである。したがって、市場に与える量的な影響はニュートラルである。この体制のもとで2月13日にCPが初めて購入された。

この状態が大きく変化したのは3月5日のことである。3月5日に開催されたMPCにおいてBOEは政策金利を0.5%に引き下げるとともに、APFによる国債購入を中心とする量的緩和政策の実施を決定した。この時点における買取基金の総枠は1,500億ポンドであり、うち国債は1,000億ポンド、民間資産は500億ポンドとされていた。それ以前からの変化としては、この買取資金のファイナンスは準備預金増によること（BOEの資産側はAPFへの貸付）とされたことがあげられる。これがBOEの措置を量的緩和と呼ぶ理由となっている。そして、そのために準備預金の付利範囲の制限はなくなり、準備預金にはその額にかかわらずに付利されることとされた。

これは前述でわかるとおり、準備預金への付利範囲があれば準備預金増（による）という量的緩和措置はとることができないからである。当然のことながら、銀行からの積み期間前における準備預金額の申告もこれ以後は必要とされなくなった。そして、これ以後はかつての日銀の量的緩和政策における日銀当座預金残高も目標の引上げが追加緩和措置とされたように、BOEにおいてはAPFの購入限度額の増額が追加緩和措置として発表され、マーケットもそのような趣旨として認識するようになったのである。

なおBOEが量的緩和政策を採用するにあたり、自らのバランスシートに国債等を保有することとせずに子会社であるAPFに保有させ、BOEのバランスシートの資産側はAPFに対する貸付としたことについては若干の説明が必要であろう。

実は、APFに将来的に損失が発生した場合には、この損失については政府が負担することとされている。これは中央銀行の損失が国庫納付金の減少、さらには中央銀行の債務超過という事態と比べてどのように違うかというのはむずかしい問題である。いずれにしても財政負担となることに違いはないからである。おそらくは通貨の発行主体である中央銀行のバランスシートを守ることの重要性をイギリスの場合は重視しているということなのであろう。

(5) 量的緩和政策の一般への説明

日銀が量的緩和政策期に当座預金残高目標額を引き上げていったように、BOEもAPFによる資産買取額を、2009年8月に1,750億ポンド、同年11月に2,000億ポンドに増額した。この買取額増額の過程で、APFは国債買取機関化せざるをえないことが明らかとなったが、興味深いのが量的緩和策の効果についてのBOEによる一般への説明である。量的緩和政策実施時に作成されたBOEによる一般向けのパンフレットでは、単純なマネタリズムにのっとったような説明がなされていた。

このパンフレットの説明としては、BOEによる国債購入等によりマネーが供給されるということは、売却者の預金が増加することであり、同時に銀行の準備が増加すると説明されている。このことは売却者の消費増、銀行の貸出増へと結びつき、経済にプラスの効果を生じさせると説明されていた。これは「輪転機を回してお札を刷る」というほど単純ではないが、かなり単純なマネタリスト的な説明である。

実は、このマネタリスト的な量的緩和政策の効果についての説明を、BOEはその後変更せざるをえなくなるわけである。それはともかく、APFによる資産購入限度は、2009年11月以降約2年間凍結されたものの、2011年10月に2,750億ポンドに増額され、その後2012年2月に3,250億ポンド、同年7月に3,750億ポンドに増額された。

とはいえ、かつての日銀の量的緩和政策における日銀当座預金残高目標額の増額が金融・実体経済面でほとんど効果がなかったのと同様、イギリスにおいてもこの間にポジティブな効果は確認されていない。何よりも当初の説明で強調されていた流動性の供給がマネーストックの増加に結びつくという事態が発生していないのである[16]。

さらにイギリスにおいては2010年１月～2012年３月の間、CPIの前年同月比の増加率がインフレーション・ターゲティングのターゲット・レンジの上限である３％を上回る状態となっていた。このような状況においては、本来であれば金融引締措置がとられて然るべきであろうが、この間は逆に緩和措置がとられた。実体経済や銀行部門の状況を考えれば引締措置はとりづらいことは理解できるものの、それはインフレーション・ターゲティングという枠組みのポジティブな面と思われてきたわかりやすさや裁量性の少なさといった面を後退させるものであった。

(6) 量的緩和以外の措置の導入

ところがマネーサプライの増加は、銀行の貸出が増加しなかったことから発現しなかった。ここにおいても制約要因はリザーブや中央銀行のバランスシートの大きさなどではなかったのである。このような状況から、BOEではAPFの資産購入限度額の増額以外の措置を導入せざるをえない状況となった。その１つは2011年12月に発表し、翌年６月から運用を開始した拡

16　量的緩和がマネーストック増に結びつかない理由についてのBOEによる分析としては、Butt et al.〔2012〕があるが、そこではさまざまな脱漏があることがその原因として言い訳的に説明されている（終章参照）。

大タームファシリティ（ECTR）である。

これは、通常のオペに用いられる資産よりも幅広いABSや中小企業向け融資等についても含まれる資産を担保とする流動性供給の仕組みである。具体的には、期間６カ月、金利は政策金利プラス25ベーシスポイントの入札方式による資金供給であるが、このポンド流動性の供給への銀行側の需要はそれほど強くはなく、実際に札割れも発生している。

もう１つの措置は2012年７月に創設（８月以降運用開始）した証券貸出スキーム（FLS）である。これは、量的緩和すなわち流動性の供給だけでは銀行の貸出増へとつながらず、マネーサプライも増加しないことから、より直接的な銀行貸出増加策を目指したものと思われる。FLSはBOEと財務省が連携して設計した制度であり、その概要は、銀行に対し貸出増加分に相当する金額のTBを低い手数料（0.25％）で貸し出すというものである。

各銀行は、2012年６月末現在の貸出残高の５％相当額のTBを借り受ける権利を保有している。さらに貸出増加額分だけのTBの借入れが可能で、これについては0.25％という手数料となっている。逆に貸出残高が減少した場合には手数料率は漸増し、５％以上減少した場合には1.5％の手数料が徴求されることになっている（図表４－３参照）。TBを担保として低金利の資金調達を行うことにより、リザーブが制約要因ではなかった銀行の貸出を増加させることを目論んだわけであるが、そのポジティブな効果はこれまでのところは確認されていない。銀行の貸出額は、一部の銀行においては多少増加しているものの、

図表４－３　FLSの手数料率

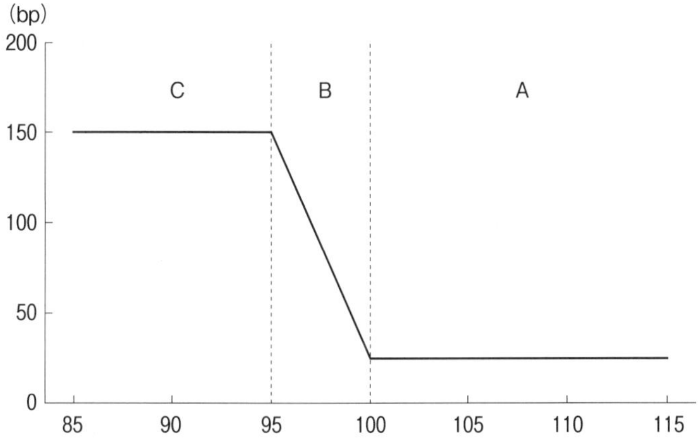

（注）　2012．6末の貸出残高＝100。
（出所）　Churm et al.〔2012〕309頁

むしろ全体では減少している（図表４－４参照）。

⑺　効果の説明の変更

インフレーション・ターゲティングの枠組みのもとで導入されたBOEによる量的緩和政策は結局のところ、時間軸政策・リスクプレミアムへの働きかけといった方向のものであることを、BOE自身が認めるに至っている。実は、当初の単純なマネタリスト的な説明はホームページから消え、別の説明がなされている。

変更後の説明によると、量的緩和政策の効果は、①国債の利回りを引き下げる、②国債の売却主体は他の資産を購入し、それらの価格が上昇する、③資産価格の上昇や借入コストの低下

図表４－４　FLS利用と貸出増減

（単位：百万ポンド）

	貸出残高（2012.6末）	2012第３四半期		2012第４四半期	
		貸出増	TB借入れ	貸出増	TB借入れ
TOTAL	1,364,511	923	4,360	−2,425	9,472
Aldermore	1,567	228		251	205
Arbuthnot Latham	507	22		23	
Barclays	188,453	3,803	1,000	1,898	5,000
Bath Investment & BS	193	2			
Buckinghamshire BS	126	12		8	
Cambridge BS	851	20		22	
Clydesdale	33,172	−23		−394	
Co-operative	31,768	−5		−294	
Coventry BS	21,002	541		437	100
Cumberland BS	1,190	17		26	5
Furness BS	626	2		2	
Hinckley & Rugby BS	433	2		−1	
Ipswich BS	412	10		8	
Julian Hodge Bank	372	13		12	18
Kleinwort Benson	8	2		1	
Leeds BS	7,569	212	100	166	100
Leek United BS	606	1		12	
Lloyds Banking Group	443,255	−2,518	1,000	−3,118	2,000
Manchester BS	569	−10		−12	
Mansfield BS	213	−1			
Market Harborough BS	322	1		−7	
Marsden BS	236	−2		2	
Melton Mowbray BS	282	3		5	
Metro Bank	78	39		53	29
Monmouthshire BS	629	15		23	5
Nationwide BS	152,155	1,834	510	1,766	1,500
Newbury BS	554	5		4	
Newcastle BS	2,705	−73		−37	
Nottingham BS	2,123	2		−18	
Principality BS	5,408	53		121	
Progressive BS	1,301	9		9	
RBS Group	214,793	−677	750	−1,681	
Santander	189,339	−3,473	1,000	−2,835	
Shawbrook Bank	453	84		87	
Skipton BS	9,494	21		185	
Teachers BS	172	n/a		n/a	

Tesco Bank	4,826	112		456	
Virgin Money	15,093	598		491	510
West Bromwich BS	4,148	−73		−63	
Yorkshire BS	27,509	113		−33	

（出所） Bank of England

から、支出増・産出増が期待できるとしている。BOE前総裁のキングも講演でそのような説明をしたうえで、この効果のほどは不透明であると率直に認めている。ただし、この量的緩和政策が行われなければ経済には痛みが生じたであろうとも述べている（King〔2012②〕）。

「もし……なければ」的な説明を行う中央銀行総裁はいかがなものか、との感想をもつが、その点はおくとして、キングは流動性の供給だけでは傷ついた銀行システムは救えないことからFLSを導入した、としている。しかし、銀行の資金調達コストの低下をねらいとした財務省との連携による貸出増加策も、これまでのところ効果はあげていない。後は為替安の誘導くらいしか策はない状態になってきていると分析することが可能であろう（現実には、2013年下半期以降ポンド相場は強含みである）。

3 日本銀行のリーマン・ショック後の危機対応の特徴

(1) かつての教訓を生かしてのリーマン・ショック後の危機対応

白川方明前総裁時代における日銀のリーマン・ショック後の

危機対応については、別稿（Saito〔2010〕）において論じているほか、本書においてはBOEの金融政策を論じるのが目的であるので、ここでは2001年からの量的緩和政策の失敗をどのように生かして危機対応を行ったか、ということを中心にみていくこととしたい[17]。

今次危機に対する日銀の対応は、基本的には政策金利の引下げ、ドル資金供給を含む種々の流動性供給、一部資本性資金供給、市場対策等になるわけであるが、最大の特徴は政策金利の名目値をゼロとはしていないということであろう。

それが達成できたのは超過準備に対して付利を行う「補完当座預金制度」によるものであるといってよい。補完当座預金制度は、リーマン・ショック後の2008年10月31日の金融政策決定会合で導入されたものであるが、これは預金ファシリティ、すなわち金融機関に対し中央銀行が安全な運用機会を提供するという位置づけのものであった。これにより政策金利の上限が補完貸付の、下限が補完当座預金制度の適用金利となり、政策金利のボラティリティを小さくすることが期待されていた。当時の政策金利の誘導水準は0.3％であり、補完貸付の金利は0.5％、補完当座預金の金利は0.1％と上下20ベーシスポイントの幅となっていた。この上下の幅を欧米ではコリドー（廊下）と称する場合があるが、政策金利は最大でもこの幅のなかで動くことが期待されていたのである[18]。

ただし、補完当座預金制度にはより大きなねらいがあったと

17　黒田新総裁体制下の日銀の対応については、本書では詳しくは触れないこととする。

みるのが適当であろう。本書で繰り返し述べているように、準備預金（超過準備）への付利は、政策金利の名目値をゼロとすることなしに超過準備供給を可能とする。それは、銀行は資産側に無利息資産を保有したくないことから超過準備を運用しようとするインセンティブをもつ存在であるが、超過準備に付利がなされるのであれば、リスクを伴うインターバンク市場等での運用よりも超過準備をそのまま日銀当座預金で保有しようと思うからである。

(2) 量的緩和に不可欠な補完当座預金制度

補完当座預金制度は、当初は2008年11月の積み期間から2009年3月の積み期間までとされていたが、2009年7月15日には同年12月の積み期間まで延長された。その他の危機対応策には時限をもって終了するものも多かったにもかかわらず、同制度は2009年10月30日にはその実施期限を当分の間延長するとの方針が打ち出され、今日まで至っている。黒田新体制下の異次元緩和においても超過準備への付利は継続しているのである。

周知のとおり政策金利は、2008年12月19日に0.1％に引き下げられ、その際に補完貸付利率は0.3％に引き下げられたが、すでに0.1％であった補完当座預金の金利は0.1％のまま据え置かれた。そして、2010年10月5日の「包括的な金融緩和」の実施により政策金利は0～0.1％とされたが、この時点以降にお

18　英米においては、貸付ファシリティの利用が危ない金融機関とみなされるという、いわゆるスティグマ問題の存在により、短期金利が貸付金利を超えるケースが指摘される場合がある。

いても補完当座預金制度の適用金利は0.1%のままとなっている。

包括緩和実施以後における政策のことを、日銀自身は「実質ゼロ金利政策」と呼び、マスコミの多くもこれに倣っているが、実際の無担保コールのオーバーナイト物の金利はゼロとはなっておらず、0.07%前後の水準で推移してきている。これはいうまでもなく、補完当座預金制度の適用金利が0.1%のまま据え置かれている影響である。

この点を別の角度から表現するならば、補完当座預金制度の存在により政策金利の名目値をゼロとすることなしに超過準備供給が可能となり、バランスシートの拡大が可能となっているのである。これは、短期金融市場金利をゼロとすることの弊害を量的緩和政策期に学んだことによる面が大きいものと推察される。

(3) 日銀券（銀行券）ルールの実質的廃棄

量的緩和期における主たる政策手段は長期国債の買切りオペの増額であったが、今次危機対応としても2008年12月に長期国債の買切りオペが月2,000億円ほど増額され、さらに2009年3月にも月4,000億円の増額がなされた。結局、月1.8兆円、年ベースで21.6兆円の買入れがなされてきていた。しかし日銀への緩和圧力はFRB等の超緩和が継続したこともあり日に日に強まっていった。

そして、2010年10月の「包括緩和」政策導入時に創設されたのが「資産買入れ等の基金」であった。その後、同基金は国債買入基金化していくわけであるが、創設時からこの基金による国債購入は日銀券（銀行券）ルールの枠外とされ、いわば最後の規律としての日銀券（銀行券）ルールが骨抜きとされる方向がみえていたのであった。

ただし、当初は基金による買入国債は残存期間が１年以上２年以下の２年債、５年債、10年債および20年債に限られており、期近債に限るという、いわば意地をみせたわけではあるが、それも買入額の増加とともに残存期間も長期化していくこととなり、その意味では黒田新体制との間の連続性さえみてとれるのである。

図表４－５　資産買入等基金の規模拡大

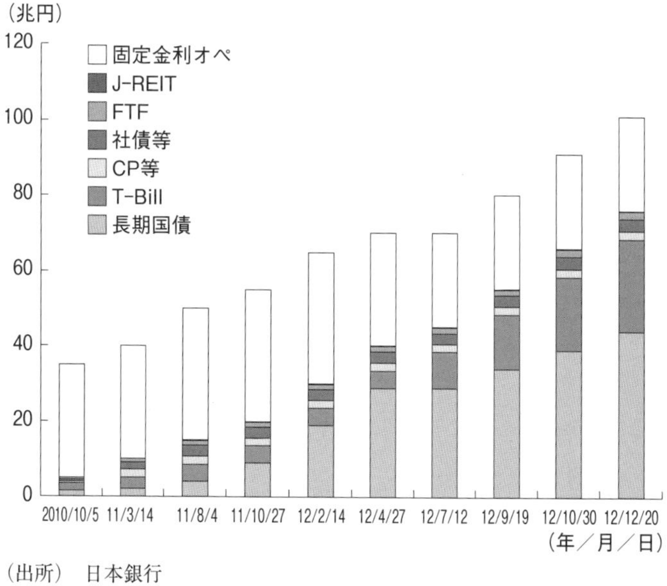

（出所）　日本銀行

図表４－６　日銀券ルールの実質的廃棄

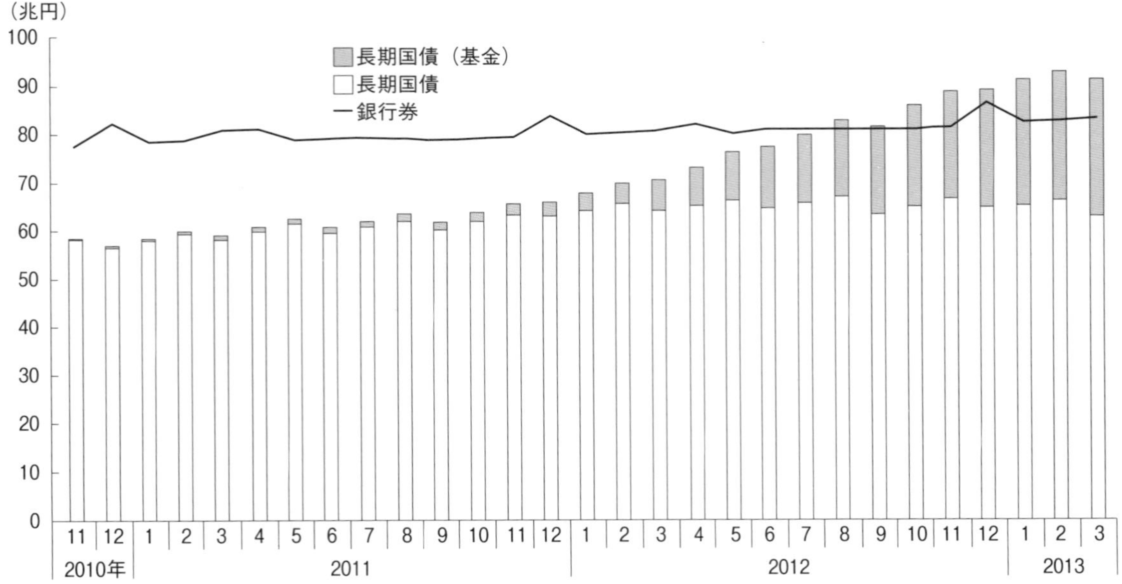

（出所）　日本銀行

基金規模の拡大とその内訳としての長期国債の買入額の推移は図表４－５のとおりである。残存期間の制限は2012年４月に上限が３年に拡大され、その後の推移が関係者にも予想できる状況となった。そしてついに2012年８月には、基金をあわせた長期国債保有額が日銀券発行残高を超え、実質的に日銀券（銀行券）ルールは廃棄されたが（図表４－６参照）、そのこと自体が大きな注目を集めることはなくなっていた。

(4) 期待に働きかけるとは何か

その他の日銀の特徴的な今次危機対応策としては、物価安定についてデフレ非容認の姿勢を明確化したことがあげられる。すなわち、従来「消費者物価指数の前年同月比で０～２％の範囲内にあり、委員ごとの中心値は、大勢として、１％程度となっている」としていた「中長期的な物価安定の理解」を、2009年12月に「消費者物価指数の前年同月比で２％以下のプラスの領域にあり、委員の大半は１％程度を中心と考えている」とし、一応はデフレ非容認の姿勢を明確化した。当然のことながらこの程度のマイナーチェンジでは圧力をかける外部は納得せず、今次危機でその有効性に疑問符がつけられることとなったインフレーション・ターゲティングの導入を迫られることとなった。

日銀（総裁）は他の中央銀行（総裁）と比べて広報戦略・情報発信能力に劣っているのではないか、といわれることがある。その１つの理由は、FRBが政策転換すると慌ててそれに追随するようにみえるところにあるようにも思われる。

2012年２月に「中長期的な物価安定の目途」を急きょ発表し、それを「消費者物価の前年比上昇率で２％以下のプラスの領域にあると判断しており、当面は１％を目途とする」としたのは、その前月にFRBが２％のインフレ率の長期的ゴールを導入したのに追随したものとだれもが判断したのであった。それまでインフレーション・ターゲティングに否定的と思われていた日銀の方針転換であったことから、FRBが導入すればあっさりと方針転換がなされるのか、との感を抱く向きが多かった。

そして2013年１月には、“アベノミクスへの屈服”ともとれる、①２％の物価安定目標の導入、②期限を定めない買入れ方式の導入が白川総裁体制のもとで導入され、黒田新体制へとバトンタッチされたのであった。この間、日銀としては国際的な超緩和競争とでもいうべき事態のなかで外部からの圧力を受けつつ、むずかしい政策運営を迫られてきたわけである。経済運営がうまくいかないことの責任を中央銀行に押しつける資本主義は、かなり疲弊した状態にあるといってよい。そうしたなかでリフレ派の言説が主流となっているのが現状ということなのであろう。

ここでは白川前総裁の退任記者会見から、「中央銀行に対しては、「マクロ経済理論に基づいて政策を行う政策当局である」という見方が根強いように思いますが、中央銀行の銀行業務の重要性について、もっと多くの人に理解して頂きたい」[19]とい

19　これは「中央銀行とは銀行であり、その行っていることは銀行業務である」ということを述べたものと解釈できる。

う言葉と同様に印象に残った言葉をこの節の最後に引用することとしたい。

「「期待に働きかける」という言葉が、「中央銀行が言葉によって、市場を思い通りに動かす」という意味であるとすれば、そうした市場観、政策観には、私は危うさを感じます。」

4 日英両国の中央銀行の対応の相違と論点

(1) 両中央銀行の対応からみえてくること

以上、量的緩和政策を標榜した日銀（2001～06年）とBOE（2009年以降）の政策を検討し、日銀の今次危機対応策の特徴についても検討したわけであるが、ここでは主に日英の量的緩和政策を比較し、そこから出てくる論点について以下で検討することとしたい。

まずは操作目標であるが、日銀の場合はその負債項目である日本銀行当座預金残高（超過準備）であったのに対してBOEの場合は子会社（APF）による資産購入額である。そして日銀の場合は、それ以前の政策金利の名目値がゼロ近辺となったが（ゼロ金利を通過後の量的緩和となったが）、BOEの場合は政策金利の名目値はゼロとはなっていない。これは準備預金に付利がされているということがその理由である。

また出口の明示については、日銀は「消費者物価指数の前年同月比増加率が安定的にゼロ％以上となるまで」量的緩和政策を継続するというかたちで時間軸政策を採用したが、BOEは出口について特に明示せず、時間軸政策もキング前総裁時代は設定していない。

国債等の買入れ相手については、日銀は銀行中心なのに対してBOEは非銀行中心である。さらに広報戦略については、日銀はあまり積極的とは言いがたかった感がある一方で、BOEはそれがどの程度読まれたかは別にして一般向けのパンフレットを作成している。ただし、その説明は前述のとおり巧妙に変更されている。さらにいえば四季報（*BEQB*）の論文においては、量的緩和による準備増がマネーストックの増加に結びつかない理由について分析するものも掲載されている（終章参照）。

ここでかつての日銀の出口政策がどうであったかを確認しておけば、それは前述のとおり単に操作目標を変更するということであった。繰り返しになるが、これにより短期間で超過準備は解消されたものの、強烈な引締効果はなく、それ以前の残高目標の拡大を緩和と称していたことについての反省も聞かれなかった。なお、この超過準備の解消が比較的順調に進んだのは、この時期に①世界経済の順調な発展があり、②国債発行額も縮小していた時期であったことによるものであった（梅田〔2013〕）。

一方、BOEは出口についてのコミットメントも行っておらず、GDP対比といった指標でみるならば日銀以上の国債の購入を行っているといってよい。そして現在の日銀と同様に、出口が凍結されているようにみえる状況で、国債価格暴落（長期金利上昇）のリスクとどのように向き合っていくかが課題となっている状況であるといえるであろう。

(2) 今次危機への両中央銀行の対応

ここで、2001年からのではなく今次の日銀の危機対応策を、BOEのそれと比較してみるならば、今次の日銀（白川体制）は基本的に「量的緩和」という言葉を使わないようにしているが、これは、BOEとの相違点としてあげることができるであろう。また、コミットメントという点をみるならば、今次の日銀がCPI上昇率の目途を示し、それに向けて強力な金融緩和を推進すると表明せざるをえなかった一方、BOEについては長期間にわたるターゲット・レンジからの上方乖離によりインフレーション・ターゲティングとの関係は不明確なものとなってしまっている。

また今次危機への対応としては、両行ともに民間銀行の貸出増加策といった分野にも踏み込んでいる。BOEの場合は証券貸出スキーム（FLS）であり、日銀の場合は成長基盤強化を支援するための資金供給（2010年6月発表）およびBOEをまねたとされる貸出増加を支援するための資金供給（2012年10月発表）である。

ここでは、このような措置がとられること自体がリザーブが銀行貸出の制約要因ではないことの証明となっている点を確認しておきたい。

(3) 中央銀行のバランスシートの大きさは金融緩和の指標となるか

そこで、超過準備供給の効果が今次緩和に関連して問題とされざるをえなくなってくる。本書で何度も強調しているように、今次緩和が政策金利の名目値をゼロとすることなしに超過準備供給を行うことが可能となっているのは、準備預金に付利を行っているからである。それでは、準備預金に付利を行うことにより超過準備供給がなされ、結果として中央銀行のバランスシートが拡大している状況をどのように考えたらよいのであろうか。すなわち、中央銀行のバランスシートの拡大は金融緩和の指標となりうるか、という論点である。

翁〔2011〕は、中央銀行の準備預金への付利は、中央銀行が安全資産を民間銀行に提供しているわけであり、一種の資金吸収であるとみなすべきであるとしている。これによると、仮に超過準備を中央銀行債券の発行という形態で行えば、超過準備はなく中央銀行のバランスシートは拡大することとなる。そして、この中央銀行債券の発行は、国債の売りオペと同様に資金吸収であると考えれば納得できる。

さらに翁〔2011〕は、中央銀行のバランスシートの拡大度を金融緩和の尺度とすることを批判し、準備預金への付利を行っている「BOEも含め、主要中央銀行は、今回の金融危機対応において供給した資金を事実上「吸収」することで市場機能維持のための潤沢な流動性供給と金利機能維持を両立させてきた」(203～204頁) と本書と同様の評価を行っている。

また、量的緩和にポートフォリオ・リバランス効果が期待できるかどうかについても、「日本の単純な量的緩和でもこの効果はネグリジブルだったが、中央銀行が市場金利と同じ高さの安全有利な運用機会をセットで提供している今回の方式ではそうした「押し出し」効果は最初から期待できない」(204頁) としている。そして、「このことを反対側からみると、中央銀行はバランスシート規模を保ったまま準備預金等への付利水準を上げたり、定期預金化することで金融引締めが可能となる。……バランスシート拡大を中央銀行の緩和努力の指標とみなしたり、BOEの量的緩和を額面どおり受け取っている人たちはこの点を見落している」(204〜205頁）と批判している。

なお、最後のBOEの量的緩和云々については、その当初の単純なマネタリスト的な説明についてのものであるが、本章でみたとおりBOEはその後、量的緩和の効果についての説明を変更している。これについても、翁はBOEの説明変更の前の時点において量的緩和の可能性について触れ、それは「長期国債の大量購入による長期金利の押し下げ期待が指摘できるであろう。BOEの量的緩和をこの視点で展開すると、量的緩和はリスクプレミアムに働きかける信用緩和や日本銀行の包括緩和に近接してくる」(205頁）との評価を行っており、BOE自身の説明の変化を先取りすることとなっている点は興味深い。

中央銀行のバランスシートの大きさと緩和度を結びつけるリフレ派の議論は、実際の各国中央銀行のバランスシートや、前述の翁の議論から根拠がないことは明確であろう。事実、各国中央銀行のバランスシートの規模を各国の名目GDP対比でみるならば、日銀の値のほうがBOEやFRBよりも大きいのである。さらに、その日銀よりも中央銀行のバランスシートが大きいのが中国人民銀行（PBC）である（図表4－7参照)。

そのPBCは2010年および2011年に計12回の預金準備率の引上げを行っている。準備率の引上げについてはあらためて説明

図表４－７　GDP対比の各国中央銀行バランスシート

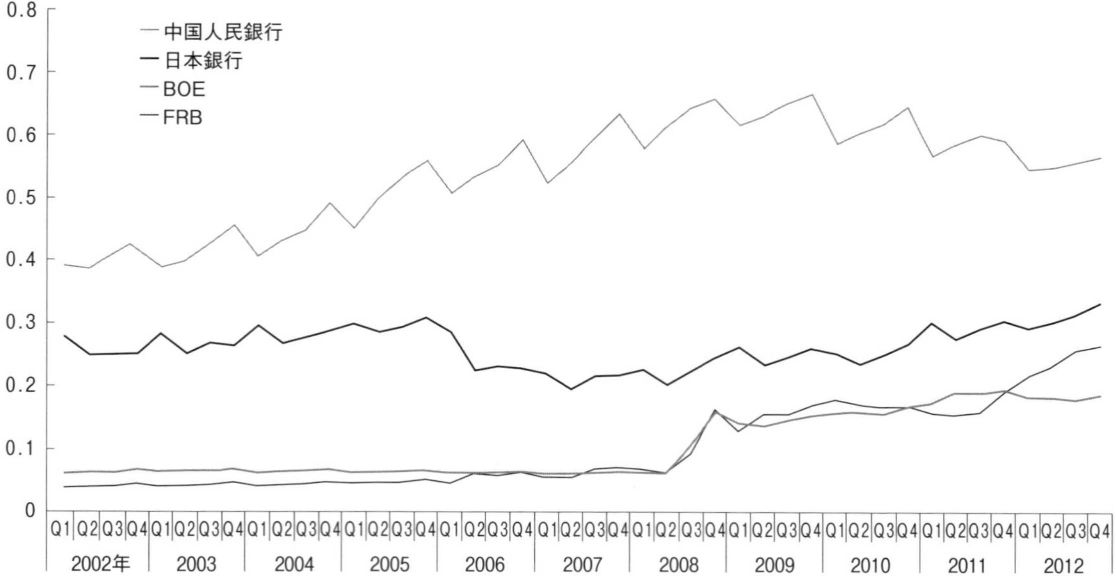

（出所）　各中央銀行ほかの資料より筆者作成

する必要までもなく、金融引締政策である。金融引締政策を行った中央銀行のバランスシートがBOEやFRBよりも大きいということは、中央銀行のバランスシートの大きさと金融緩和度との間には因果関係などないということの何よりの証拠となっているように思われる。

(4) ベースマネーと期待インフレ率

そのほかには、ベースマネー（もしくは準備預金量）と期待インフレ率の関係をどうみるべきか、という論点が存在する。リフレ派の主張も、どちらかといえば両者の間には正の相関関係があるというようなものが増えてきている印象がある[20]。

ただし、ここには期待インフレ率の指標としては何がふさわしいのか、という問題が存在する。平時においては普通国債と物価連動国債の利回りの差であるブレーク・イーブン・インフレ率（BEI）がよいようにも思われるが、危機時には物価連動債の取引は縮小してしまうという問題点がある。また、ベースマネーとBEIの相関についての実証研究によれば、長期的には両者には統計的に有意な関係は存在せず、むしろBEIと金融市場の不安度を示すVIX指数との間に明確な逆相関の関係があるということである（梅田〔2013〕137～138頁）。

さらに付け加えるならば、準備預金への付利は、売出手形や中央銀行債券の発行と同様の意味をもつ。仮に超過準備の一部を売出手形（付利レートは同じ）に変更したとすれば、状況は

---

20 代表的なものとして、岩田〔2012〕がある。

変化していないにもかかわらず、ベースマネーは減少する。そのことにより期待インフレ率は変化しないのは当然なのだから、そこから逆にベースマネー量と期待インフレ率の間に相関関係などないとするのが妥当ではないだろうか。

こうして量的緩和は最低限「量」と「緩和度」の間には明確な関係が見出せないままであるが、BOEはその説明を巧妙に変更しつつも、その看板を下ろすことはできずに追加緩和を逡巡しているうちに、政府から時間軸政策の採用を迫られてしまった。マーク・カーニー新体制下におけるフォワード・ガイダンスの導入については次章でみることとするが、2013年４月には日銀が新体制のもとでベースマネー・コントロールの亡霊を持ち出し、出口を遠くするとともにむずかしくしてしまった。先進諸国の金融政策は混迷の度をますます深めているように思えるのである。

⑸ 危機の深化とむずかしくなる出口

本章では、非伝統的・非正統的といわれる金融政策を採用し、なおかつその政策を「量的緩和」と自称した日銀およびBOEの政策を比較検討してきた。その結果明らかとなったのは、両者ともその明確な緩和効果は見出せないということであった。しかしながらこのような政策を採用せざるをえなかったということは、それだけ危機が深刻であるという証拠となるかもしれない。

また、そこには大きな錯誤の可能性もある。各国でリフレ派が政治的に勝利したかのようにみえるのは、19世紀イギリスの通貨論争で通貨学派が勝利したのと同様なのかもしれない。通貨学派は政治的には勝利したかもしれないが、ピール条例はその後３度の停止の憂き目をみた。現時点におけるリフレ派が勝利したかのような状況も、現実により修正を迫られることがあるのかもしれない。今次危機は、恐慌がいつも好況から転落して発生するように、ある種の絶頂から転落して発生した。それは動学的確率的一般均衡（DSGE）モデルがいくら精緻であっても現実の世界とは異なることを教えてくれたし、最適金融政策が最適ではないことを教えてくれたのである。

その結果として政策金利の引下げ余地がほぼなくなった状況で採用されたのが非伝統的・非正統的と呼ばれる金融政策である。これには、各国において財政政策の発動余地が限られているという状況下で、金融政策に過度の負担が課されているという側面があることが見落とされてはならない。さらに重要なのは、非伝統的・非正統的と呼ばれる金融政策はもはや純粋な金融政策ではなく、財政政策の分野にも踏み込んでいるということである。そして危機は、資本主義の叡智ともいえる「中央銀行の独立性」の侵犯についても考慮の外に置かざるをえないほどの段階となってきている。

この段階における中央銀行の側の説明も、イギリスで典型的なように「効果のほどは不明だが、もし量的緩和がなかったとすれば経済に大変な痛みが生じたであろう」的なものとならざるをえなくなってきている。問題とされるべきは、このような説明にはたして説得力はあるのだろうか、ということであるべきなのに、それを問いただす声はほとんど聞かれない。

イギリスでは量的緩和政策の採用後、成長率が落ち、失業率は改善しなかった。インフレーション・ターゲティングの枠組みのもとで物価上昇は抑制できてはいなかった。結果として通貨ポンドは減価し（2013年下半期以降は強含みではあるが）、最近では国債等が格下げされている。外国人の中央銀行総裁を招いてレジーム・チェンジしたとしても、その成否は日本の新体制同様に不透明であるといってよいであろう。

終　章

新総裁体制の変化は

1 金融危機と規制体制の変更

(1) 先進諸国で進む規制体制の改革

今次金融危機の発現以降、先進諸国の中央銀行の金融政策は混迷の度を深めてきている。また、各国における金融規制体制等の不備が明らかになる一方、その改革が行われてきてもおり、そのなかで中央銀行の金融規制上の位置づけも変化し、その規制権限が強化されるような方向も国によっては示されてきている。

周知のとおり、アメリカでは2010年にドッド＝フランク法が制定され、そのなかに預金を取り扱う銀行およびその関連会社による自己勘定でのデリバティブ取引やヘッジファンドへの出資等を禁止する、いわゆるボルカールールが盛り込まれた。その具体的な規制内容はなかなか決定されずにいたが、2013年末になり細則が発表され、その施行期日についても当初予定から1年程度後ろ倒しされ、2015年7月とされた。

(2) 規制体制の変更とイングランド銀行

一方、イギリスでは、2012年金融サービス法が制定され、2013年4月から正式に新たな金融監督体制がスタートした。2000年金融サービス・市場法に基づき、金融サービス業者・市場等の統一的な規制・監督当局としての金融サービス機構（FSA）は解体された。ここにおいて、金融機関の監督の前面に出てくることとなったのがイングランド銀行（BOE）である。

新体制においては金融監督政策委員会（FPC）がBOE内に設置され、さらに健全性監督機構（PRA）がBOEの子会社として設置されることとされた。このようにBOEは、純粋の金融政策のみでなく健全性規制にも大きくかかわるようになったのである。なお業務行為規制については、独立当局として金融行為監督機構（FCA）が設置され、健全性規制と業務行為規制に分かれたいわゆる「ツインピークス・モデル」が構築されたとされている（図表終－1参照）。

これは、当然のことながらFSA体制が金融危機の発生を防げなかったことの反省からのものであり、銀行等の金融機関のモニタリングが可能な中央銀行の健全性規制における重要性が認識されたことが大きいであろう。

さらにアメリカと同様に、預金、とりわけリテール預金を取り扱う銀行に過度のリスクテイクを禁じるような法規制への方向が明らかとなってきている。これは2011年9月に公表された

図表終－1　新金融規制体制

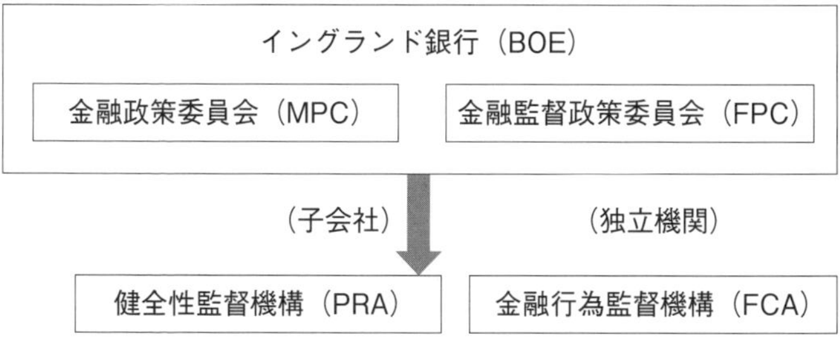

（出所）　筆者作成

独立銀行委員会（ヴィッカーズ委員会）報告で提言された「リテール・リングフェンス」と呼ばれる考え方であり、その目的は家計や中小企業にとって不可欠な銀行サービスを、金融システムの他の箇所で生じたリスクから隔離することにあるといえよう。

これは1980年代のアメリカにおけるナローバンクやコアバンク提案と似ている面はあるが、銀行の信用創造を禁止するといったものではない。同委員会報告の提言を織り込んだ2013年銀行法案が2013年春に国会提出され、2014年春頃には成立する見込みである。ただし、その具体的な運用はもう少し先のこととなる予定である。

2 キャメロン政権のポリシーミックス

(1) 新政権の緊縮財政

もっとも、規制体制の変更によりBOEの権限が拡大したことは事実ではあるが、同時に政府（財務省）の金融サービス業への関与が強まった側面もあり、単純な評価は危険ではある。しかし当面は、金融危機が収束して金融政策が平時モードとなる状況ではないものの、大手金融機関のさらなる破綻が迫っているという状況でもないことから、BOEの金融政策の舵取りが注目されることとなろう。

2010年５月に発足したデーヴィッド・キャメロン政権の経済政策におけるポリシーミックスは、いわば大胆な金融緩和と緊縮財政の組合せである。前者はアベノミクスと同様であるが、後者については大きく異なるといってよい。

ここでは金融政策についてみる前に、まず財政政策についてみることにする。そして、今次危機がイギリス財政にどのような影響を及ぼしたのかを確認する前に、1997年以降の労働党政権下での財政状況についてごく簡単に振り返ることとしたい。

1997年に久々に政権の座に着いたトニー・ブレア労働党政権の経済政策は、それ以前の労働党政権の経済政策とは大きく異なり、保守党政権との連続性を感じさせるものであった。主要産業の再国有化といった政策は選択肢から除外されていたのであった。財政政策面でも、政権成立当初は引締め気味の運営がなされ、1998～2000年度の３年度は財政黒字の状態であった。保守党政権下で制定された、経常勘定では循環を通して赤字を出さずに赤字は資本勘定のみとするという黄金則（Golden Rule）は引き継がれ、さらに資本勘定の赤字においても債務残高をGDP比40％以内に収めるという慎重則（Prudent Rule）が設定された。

しかし2001年６月の総選挙で圧勝して以降は、財政規律の緩みがみられるようになっていった。ニューレイバーといっても労働党政権らしさを出そうとしたのか、低所得者向けの税額控除を拡大した。1999年に導入した勤労家庭税額控除は、2003年には勤労税額控除および児童税額控除という２種類の低所得者向けの税額控除制度へと拡充された。こうしたことも影響してか、2000年代の中葉以降には税収入の鈍化が観察されていた。また歳出面では、教育・保健・交通・住宅等の分野での増加が目立っていた。とりわけ2005年以降に求職者給付（JSA）等の社会保障関連給付の増加が目立っていた。こうして政府支出および財政赤字は、ノーザンロック危機の起きる2007年まで増加していっていたのである（図表終－2参照）。

このような財政の流れのなかで発生したのが金融危機であり、当然のことながらイギリスの財政赤字は大きく拡大することとなった。2007年度に585億ポンドであった国債発行額は、2008年度には1,456億ポンドへと急増し、2009年度には2,276億ポンドへとさらに増加した。

これは所得税・法人税・国民保険料（社会保障税）等の税収の落込み、および社会保障関連支出の急増によるものであっ

図表終－2　政府支出額の推移

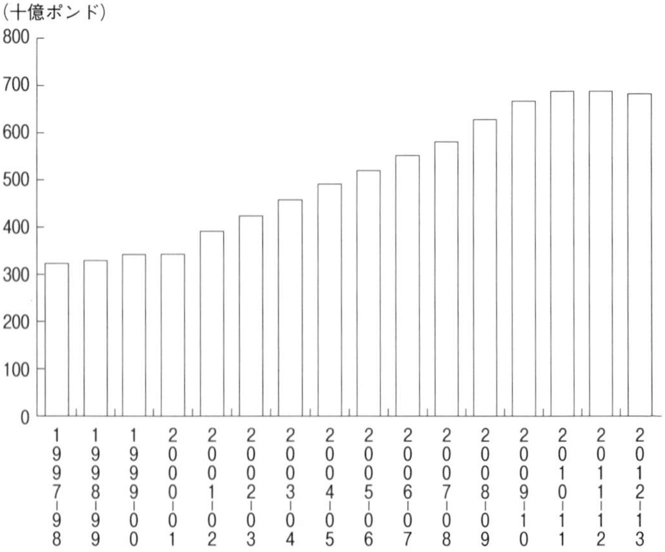

（出所） Fyfe and Threadgould〔2013〕94頁

た。特に2007年までの税収の10％はシティからのものであったとされており、金融機関の収益悪化は税収減に直結した。それに加えてノーザンロック、ブラッドフォード・アンド・ビングレー、ロイヤル・バンク・オブ・スコットランド（RBS）、ロイズ・バンキング・グループ等の救済費用は、政府に大きな負担となった。

なお、この過程では、2007年度において、上記の黄金則は維持されたと労働党政権は強弁したが、それは景気循環の始点と終点を操作することにより行われ、「ゴールポストの移動」と揶揄された。そしてこの黄金則は2008年度には放棄せざるをえなくなった。当然のことながら慎重則についても放棄されざるをえなかったわけであるが、これについては少し後でみることとしたい。

ここで危機に対応した税制の変化をみることとすると、ゴードン・ブラウン労働党政権下においては、2008年12月から付加価値税（VAT標準税率）の税率を17.5％から15％へと引き下げた。これは2009年末までの時限措置との位置づけであり、そのねらいは名目物価の引下げによる家計支援であるとされた。また、所得税率については2008年度以降、最低税率（10％）を廃止するとともに、基本税率を２％引き下げ20％とした（図表終－３参照）。なお2010年度には、割増税率（40％）は据え置いたものの、新たに高額所得者（15万ポンド超）への最高税率を設定し50％とした。なお、法人税率については2008年度から２％引き下げ28％としていた。

しかし2010年５月に行われた総選挙においては、労働党は敗

図表終－3　所得税率・付加価値税率

（単位：%）

年	所得税率				VAT
	最低税率	基本税率	割増税率	最高税率	標準税率
1978					8
1979	－	33	83	－	15
1988	－	25	40	－	
1991					17.5
1992	25	25	40	－	
1997	20	24	40	－	
1999	10	22	40	－	
2008	－	20	40	－	15
2010	－	20	40	50	17.5
2011					20
2013	－	20	40	45	

（出所）　Fyfe and Threadgould〔2013〕90頁

北し、キャメロン政権（保守党・自由民主党連立政権）が誕生した。

キャメロン政権は翌6月に緊急予算案を発表し、そこで財政再建策を明らかにした。その内容としては、まず歳入増を図る目的から付加価値税率を2011年から20%に引き上げる、さらにはキャピタルゲイン税の税率の引上げ、銀行税の導入といった増税措置がとられた。一方で、公務員給与凍結、福祉支出削減等の歳出削減策を明らかにした。ここにおいて明らかにされた大学学費値上げについては、同年11月に大規模な反対デモ等の抗議活動があったし、翌2011年8月のロンドン等における暴動も、政府の経済政策とは無縁とはいえないであろう。

また増税や歳出削減の一方で、法人税の税率は2011年度には26%へと引き下げられたが、減価償却制度の見直し等の課税ベースの拡大があり、企業全体として負担がそれほど軽減されたわけではなく、これに銀行税をあわせて考えるならば企業部門全体ではネットで増税となった。このほか、所得税の基礎控除額の引上げや国民保険料の最低限度額の引上げといった措置も行われ、これらは当然歳入減の要因となる。結果として、財政赤字は150億ポンド程度削減されるとされていた。

このキャメロン連立政権成立時の2011年度およびそれ以降のイギリス経済および財政収支等の楽観的様相は、現実には達成できなかった。2013年12月に発表された財務省のオータム・ステートメントでは、2010年6月時点の予想における2010年第1四半期から2013年第3四半期までのGDPの成長率が9.6%であったのに対し、実際は4.0%にすぎず、その差の−5.6%は何により生じたかについて分析している（図表終−4参照）。もっとも予想と乖離していたのは投資（企業部門）であり、その差

図表終−4　実質GDP成長率の寄与度（2010年第1四半期〜2013年第3四半期）

（単位：%）

	個人消費	設備投資	住宅投資	政府支出	輸出入	在庫投資	GDP
2010.6予算時予測(A)	3.7	3.4	1.2	−2.3	2.8	0.8	9.6
実績(B)	2.7	−0.8	0.7	0.3	0.2	1.4	4.0
(B)−(A)	−1.0	−4.2	−0.5	2.6	−3.0	0.6	−5.6

（出所）　HM Treasury〔2013②〕13頁

図表終－5　中央政府純資金需要（CGNCR）と国債発行額

（単位：十億ポンド）

	CGNCR	国債発行額（グロス）
1998-99	－4.5	8.2
1999-00	－9.1	14.4
2000-01	－35.6	10.0
2001-02	2.8	13.7
2002-03	21.8	26.3
2003-04	39.4	49.9
2004-05	38.5	50.1
2005-06	40.8	52.3
2006-07	37.1	62.5
2007-08	32.6	58.5
2008-09	162.4	146.5
2009-10	198.8	227.6
2010-11	139.7	166.4
2011-12	126.5	179.4
2012-13*	102.4	164.8
2013-14*	111.0	151.0

（注）　*印は2013年度予算による予測。
（出所）　HM Treasury〔2013①〕21頁

は－4.2%となっている。これについで差が大きいのは貿易であり、2.8%の輸出超過を予想していたのが、現実は0.2%の輸入超過であり、その差は－3.0%となっている。要するに企業の投資が低迷する一方、個人消費や住宅投資も伸びなかったが、資源価格の高騰やポンド高の影響で輸入超過となってしまったということであろう。結果としては、政府支出は－2.3%の予想が0.3%のプラスとなり、その差は2.6%のプラスとなってしまった。

図表終－6　国債発行額

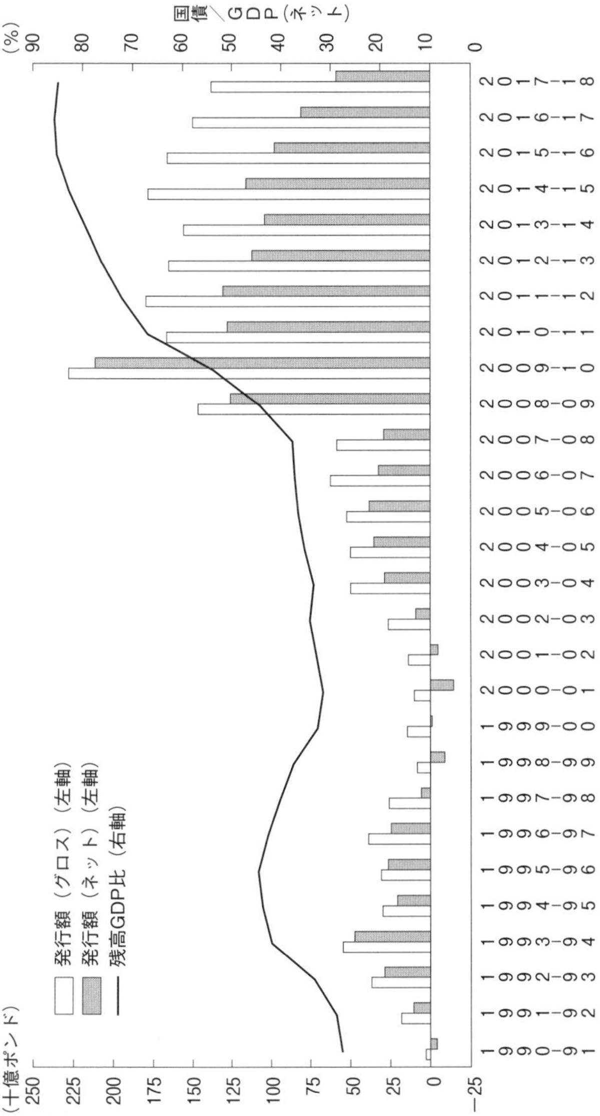
(十億ポンド)
250
225
200
175
150
125
100
75
50
25
0
−25
発行額（グロス）（左軸）
発行額（ネット）（左軸）
残高GDP比（右軸）
(%)
90
80
70
60
50
40
30
20
10
0
国債／GDP（ネット）
1990−91
1991−92
1992−93
1993−94
1994−95
1995−96
1996−97
1997−98
1998−99
1999−00
2000−01
2001−02
2002−03
2003−04
2004−05
2005−06
2006−07
2007−08
2008−09
2009−10
2010−11
2011−12
2012−13
2013−14
2014−15
2015−16
2016−17
2017−18

（出所）DMO〔2013〕63頁

これは、結局はイギリスの景気が2011年および2012年においては低迷したことによるものであるが、2012年のロンドン・オリンピックもあまり景気に貢献することはなかった。その原因は、資源価格高騰やユーロ危機といった海外要因のほか、国内的には構造的な製造業不振、サービス部門の回復の遅れ、住宅市場の低迷といった要因が考えられるが、緊縮財政の影響もまたあったといえる。もっとも2013年以降については持直し傾向もみられており、サービス業、金融ビジネスを中心に景気は好転しているようである。

それはともかくとして、金融危機およびその後の経済状況はイギリスの国債発行額を急増させた。2007年度の国債発行額は585億ポンドであったのに対し、翌2008年度には1,465億ポンドとなり、2009年度にはさらに増加し2,276億ポンドとなった。その後の発行額は若干減少したものの、依然として高水準が続いている（図表終－5参照）。また、残高ベースでみても2008年度には前述の慎重則の水準（GDP比40%）を超え、さらに2010年度にはユーロの収斂基準（これ自体無意味なものとなりつつあるが）であるGDPの60%の水準を超えることとなっている。2014年度以降の発行額については漸減が予想されているが、イギリスの国債については長期債の比率が高いこともあり、残高のGDP比については高止まったままとなることが予想されている（図表終－6参照）。

(2) 国債管理政策面での対応

このような環境下において、イギリスの国債管理を担う債務管理庁（DMO）は、種々の対策を講じてきている。まず発行市場関連においては、2009年5月からプライマリー・ディーラーであるGEMMのうちの優良入札者に対する10%の追加割当て（平均落札価格による）を導入した。これは、価格競争入札方式であるコンベンショナル方式において高価格での入札者に配慮したものであり、これにより応札倍率の上昇をねらったものといえる。また、2005年に1度だけ行われたシンジケート発行についても、2009年度以降、頻繁に行ってきている。

このシンジケート発行については、DMOの説明によると、長期国債（コンベンショナル・ギルト債）およびインデックス債の発行額を通常の入札発行によるよりも多くすることができるとのことである。2012年度についてこれを少し詳しくみると、総発行額が1,650億ポンドであったのに対し、シンジケート発行は328億ポンドであり、約20%とかなり大きな割合となっている。銘柄数は8で、新規のものが長期国債（コンベンショナル・ギルト債）1、インデックス債2で、その他の5銘柄は以前にシンジケート発行された銘柄と統合（リオープン）され発行された。なお、このシンジケート発行の消化はほとんどが国内機関投資家によるものとなっているのがその特徴である。

さらに、このシンジケート発行の補完等を目的として、特定の銘柄を少額発行する際にはミニ・テンダー発行という手法を2008年10月以降用いるようになってきている。テンダー発行は、入札を行った後に一律に最低落札価格により発行されるもので、一般的には流動性の低い銘柄、流動性の低い時期に発行されるのに適した方式であるとされる。リーマン・ショック後の時期はまさに市場流動性が低下していた時期であり、いわば緊急避難的に実施されたものであった。しかしその後のミニ・テンダー発行は、シンジケート発行の補完としての役割をもつように変質してきている。すなわちシンジケート発行が当初予定よりも多かった場合には少なめに、少なかった場合には多めに発行されるわけである。

具体的には、2012年度については、予算段階において75億ポンドの発行が予定されていた。しかし、まず4月の段階で70億ポンドに目標が修正され、さらに5月のインデックス債（シンジケート発行）の発行が当初予定よりも多かったことから65億ポンドへと目標が修正された。その後、12月のオータム・ステートメント公表時に60億ポンド、2013年1月には53億ポンドへと予定が修正され、実際の発行額も53億ポンドとなった。発行は4銘柄であり、2012年5月、8月、12月、そして2013年3月に発行された。ミニ・テンダー発行についていえば、基本は短期債であり、一部中期債が発行されている。

図表終－7により、2012年度の期間別、発行方式別およびコンベンショナル・ギルト債とインデックス債の発行状況がわかる。これによると、インデックス債の多いことがイギリスにおける特徴となっているが、金利状況にもかかわらず長期債（コンベンショナル・ギルト債）の割合が高いことも特徴となっている。

単年度ではなく、イギリスにおける国債の発行状況をもう少し詳しくみるならば、コンベンショナル・ギルト債においては長期債の割合が多いことが特徴となっている。また、イギリス

図表終－7　発行方式別国債発行額

（単位：百万ポンド）

	短期債	中期債	長期債	インデックス債	計
総発行額	55,752	35,958	37,511	36,855	165,076
予定額					164,200
差額					876
公募入札	50,754	34,654	24,368	16,186	125,962
予定額	50,400	34,500	24,450	16,300	125,650
差額	354	154	－82	－114	312
シンジケート			13,143	19,669	32,812
予定額			13,050	19,500	32,550
差額			93	169	262
ミニ・テンダー	4,998	1,304			6,302
予定額					6,000
差額					302
比率	33.8%	21.8%	22.7%	21.7%	

（出所）　DMO〔2013〕25頁

はインデックス債を1981年に世界に先駆けて発行開始し、その発行額・シェアも大きいのが特徴であり、同債券の平均残存期間も長くなっている。これにより国際比較をしても、イギリスの国債の平均残存期間は15年以上となっており、他国よりもそれが長い日本ですら8年弱であることから、非常に長いことが特徴となっている（図表終－8・終－9参照）。これが、イングランド銀行による量的緩和による保有国債の期間が長いことの1つの理由であり、出口政策をむずかしくしている理由ともなっているわけであるが、この点については後に検討することと

図表終－8　満期別国債発行残高

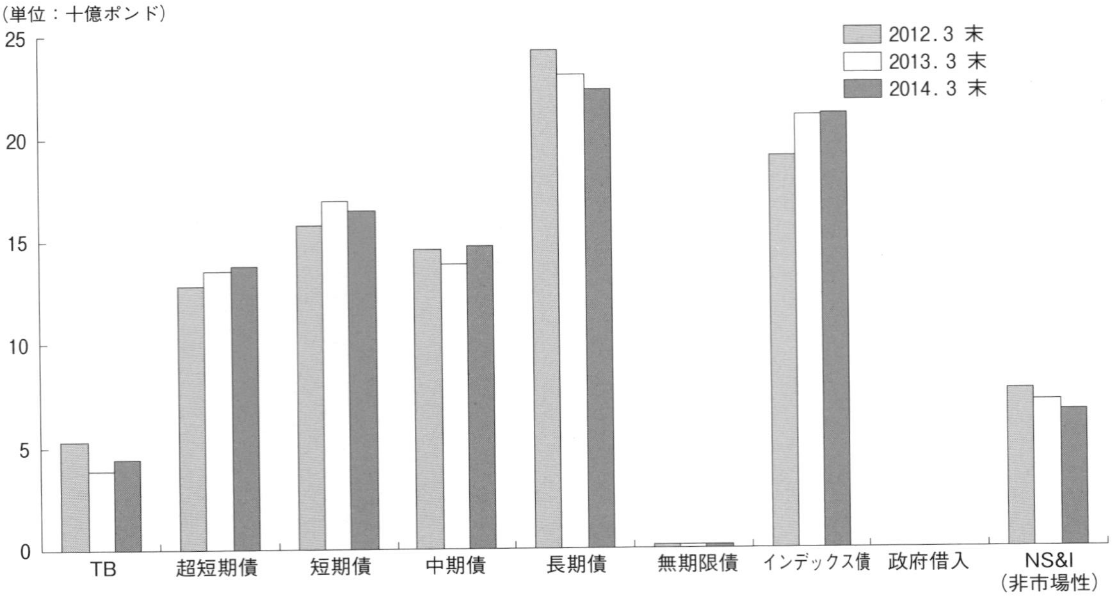

(出所)　HM Treasury〔2013①〕18頁

図表終－9　国債平均残存期間の国際比較

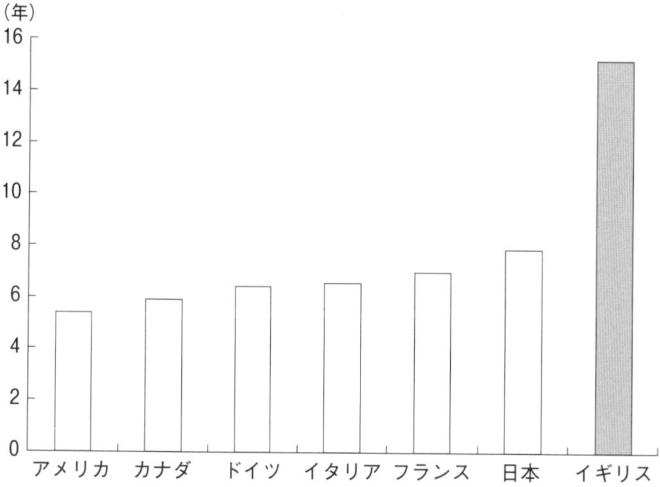

（出所）　HM Treasury〔2013①〕19頁

する。

ここで、国債の保有構造がどのように変化したかを長期トレンドおよび金融危機後の状況に分けてみることとしたい。図表終－10をみると、金融危機以前は保険会社・年金基金といった機関投資家が圧倒的であったが、21世紀に入って以降は徐々に保有シェアを低下させてきた。一方、金融危機以前は保有シェアが10％程度であった銀行・住宅金融組合といった預金取扱金融機関は、21世紀に入ってからその保有シェアを低下させていったことがわかる。なお図表終－10において、銀行・住宅金融組合の保有シェアがマイナスとなっている時期があるのは奇異に映るかもしれないが、これはレポのネット・ポジションがマ

図表終－10　イギリス国債の保有主体

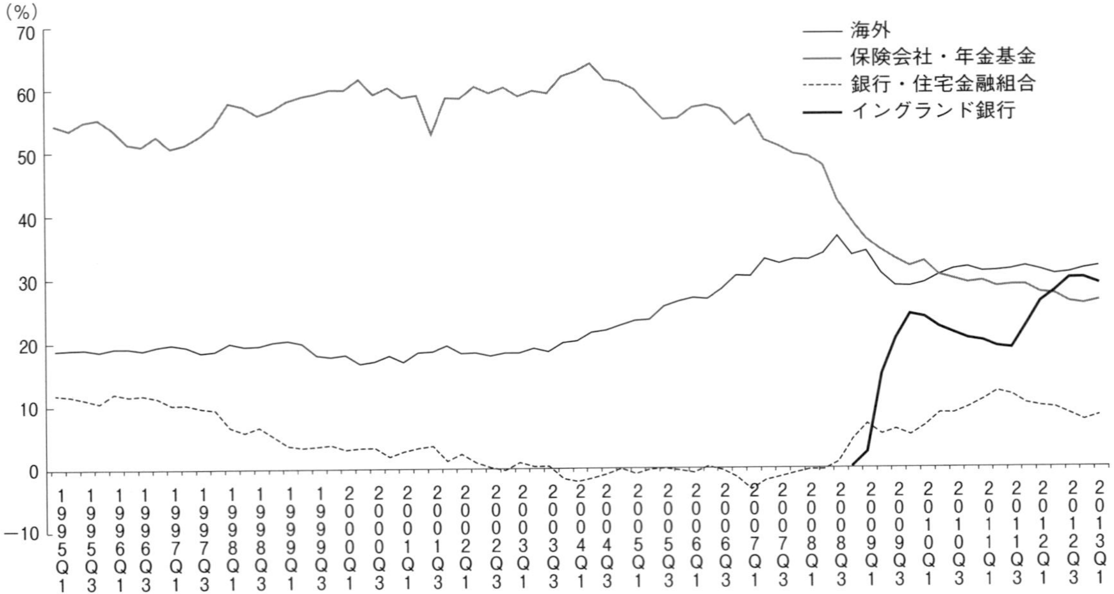

（出所）　DMO〔2013〕13頁

図表終－11　イギリス国債の海外保有

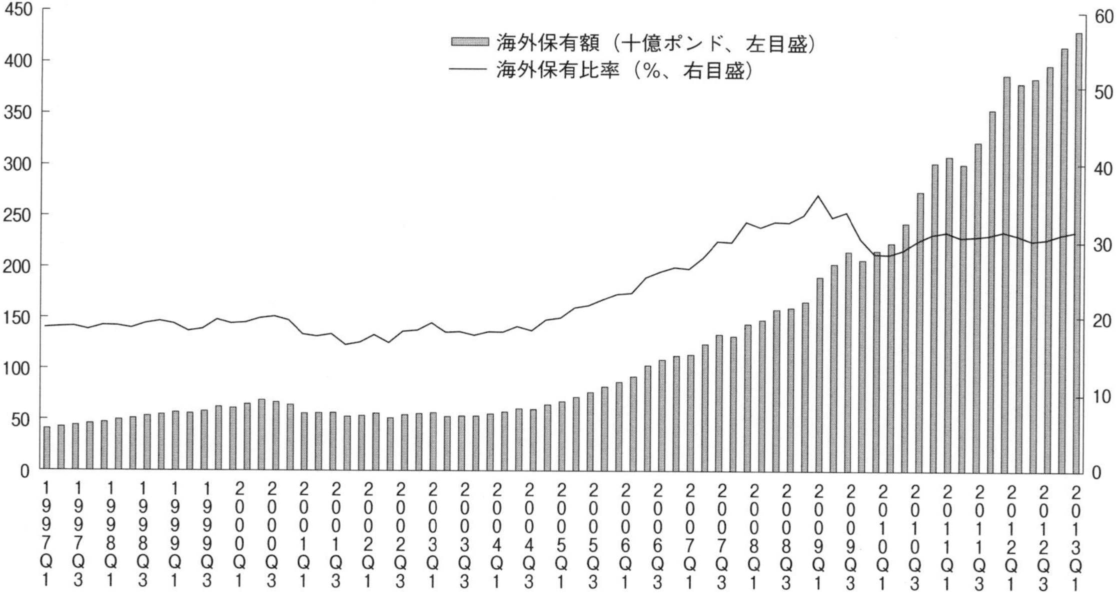

（出所）　DMO〔2013〕12頁

イナスであることを反映したものである。

他方、海外の国債保有シェアをみるならば、かつては20%程度で安定していたのが、21世紀に入って以降はそのシェアを徐々に上げ、金融危機以前に30%超となっていた。そして金融危機以後においては、保有シェアを若干低下させたものの30%程度の保有シェアを維持している。もっとも金融危機後は国債発行額が急増したわけであり、そうした環境下において保有シェアが低下していないということは、保有額では急増したということを意味する。この状況を示したものが図表終－11であり、海外の国債保有額が金融危機以後は急増していることがわかる。

なお、図表終－10をもう一度みると、金融危機以降において保険会社・年金基金といった機関投資家はその国債保有シェアを急減させている。これは周知のとおりBOEによる量的緩和政策の影響であり、事実、BOEは国債の保有シェアを急増させ、発行残高対比で約30%と大変に高い保有シェアとなっているわけである。これは状況証拠的にいうならば、国債大量発行体制に応じて中央銀行たるBOEが国債の大量購入を柱とした量的緩和政策を開始したということとみなせるであろう。当然ながら、BOEは大量の国債購入の目的を財政ファイナンスであるとはしていない。あくまでも量的緩和が金融市場機能の維持のために必要であるからである、としているのである。

(3) マネーストックはなぜ増加しなかったか

ただし第3章および第4章でみたとおり、これだけ大量の国債購入を行っているにもかかわらず、銀行貸出は伸びず、マネーストックも増加してはいない。この点については、さすがにBOE自身も四季報においてその理由を分析した論文（Butt et al.〔2012〕）を発表せざるをえなくなった。

同論文は、2009年3月～2009年11月までのAPFによる資産買取額が2,000億ポンドにまで達した時期（これをBOE自身が量的緩和第1期：QE1と呼んでいる）、および新規買取り停止後に2011年10月～2012年2月までのAPFの買取額が2,750億ポンドから3,250億ポンドにまで増加した時期（QE2）に分けて、どうして資産買取りにもかかわらずマネーストックが増加しなかったのかについての分析を行っている[21]。

BOEはその超金融緩和策（効果の有無はとりあえず問わないとして）を、明確に量的緩和と標榜している。その意味で、QE1ないしQE2として時期区分を行っているのは当然のことではある。これは、アメリカの中央銀行（FRB）がその超金融緩和措置を信用緩和（CE）ないし大規模資産購入（LSAP）と自らは呼び、量的緩和という言葉の使用に禁欲的であるのとは対照的である。もっともFRBにしても外部がその措置をQEと呼ぶことについてはこれに抗議したり、その呼び方は不適当であるから訂正するように要請をしたりしているわけではないが、ここではこの点には立ち入らないこととする。

同論文によると、APFが非民間銀行部門から債券（そのほとんどは国債）を買い取れば（BOEのバランスシートは資産側で

21　同論文では、2012年7月にAPFの買取額を3,750億ポンドに増額して以降の時期については分析対象期間とはしていない。

APFへの貸出が増加し、負債側では準備預金が増加する)、その分だけ銀行預金（マネーストック）が増加して然るべきである。だが、マネーストックが増加しないのにはなんらかの「漏出」があったからであるとし、それは①社債等の利回り低下による銀行貸出への需要の減少（銀行の貸出減少)、②投資家による銀行発行の債券・株式の購入（銀行の負債構成の変化)、③銀行自身の国債売却、④投資家の非居住者からの資産購入（ポンド建てのマネーストックの減少）によるとしている。

そして、QE 1においては①の影響が大きく、QE 2においては④に加えて③の影響が大きかったとしている。結局、ここでもアウトサイドマネーを投入すれば貸出増＝マネーストック増が生じるといった理論は否定されざるをえない。これが、金融超緩和の帰結として（出口の混乱があるかないかにかかわらず）確認されることなのではないか、と思われるのである。このため前述のとおり、銀行の資金調達コストを低下させることによる貸出増をねらったものとしてのFLSが導入されたわけなのであるが、それもあまり効果をあげてはいないのである。

3 カーニー新体制下の金融政策は？

(1) カーニー新総裁の衝撃

キャメロン政権は緊縮財政政策を採用しているが、当然のことながら短期的には景気に悪影響をもたらすこととなった。一方、金融政策には景気を失速させることのないようにという負担がかかることとなっているが、その明確な効果は発現してはいない。いわば出口のみえない量的緩和政策が継続しているのである。

ただし金融政策関連で衝撃的であったのは、キング前総裁の後任としてカナダ人（選出された時点ではカナダ銀行総裁）のマーク・カーニーが指名されたことであった。イギリスは国王が外国から来ることもある国であるから、中央銀行の総裁が外国人であっても違和感はないのかもしれないし、同じアングロ＝サクソンで母国語が英語ということではあろうが、日本人的感性からは衝撃的ではあった。またその選出過程において、募集が雑誌広告（エコノミスト誌）においてもなされたということも驚きではあった。

2013年７月１日の就任以前においては、新総裁が就任後に量的緩和政策の基本に直ちに手をつけて、これに重大な変更をもたらす可能性は少ないものの、なんらかのフォワード・ガイダンスを導入するのでは、との観測が有力であった。実際、就任直後の金融政策委員会（MPC）においては、金融政策の現状維持が決定された。この決定は９人の全員一致であったが、それ以前の５回はキング前総裁を含む３人が追加緩和（APFの買取額の増額）に賛成したことからの変化が話題となった。さらに、従来は金融政策に変更がない場合には何のメッセージも発せられないのが通例であったが、簡単なものといえメッセージが発せられたという点で新総裁色が示されたのであった。

そして翌８月の『インフレーション・レポート』発表時において、フォワード・ガイダンスとして失業率目標が導入された。具体的には、失業率（目標導入時は８％程度）が７％を下回るまでは量的緩和政策は継続する、とのものであった。これは財務大臣によりなんらかのフォワード・ガイダンスの導入要請を受けてのものでもあった。2012年金融サービス法は、1998年イングランド銀行法を改正し、理事会非執行理事で構成される「監視委員会」を設置することを求めている。同委員会はBOEのパフォーマンスを常に監視することとされているのである。BOEの独立性強化・権限強化の一方でこのような事態も発生している。

ただしこの失業率目標は、アメリカのそれが法的根拠（目的規定に最大雇用の達成が明記されている）があるのに対して、それが存在しないという違いはある。また、失業率目標の発表と同時に、いわゆる「ノックアウト条項」についても明らかとされた。

これは失業率が7％以上であったとしても、以下の状態となっている場合には、金融緩和は継続しないというものである。具体的には、①18～24カ月先のインフレ率予想が2.5％を上回ること、②中期インフレ期待が十分にコントロールされていないと判断されること、③金融政策が金融の安定性に対して重大な脅威になっているとFPCが判断することのうち、1つにでも抵触した場合とされている。

しかしながらノックアウト条項への抵触は、即利上げということではないとも説明されている。その後の会見においても、カーニー総裁はFRBと同様に早期利上げ観測の打消しに懸命になっている印象があった。

⑵ 変更されたフォワード・ガイダンス

2013年中をみると8月以降においては、金融政策は現状維持が続いた。この間、イギリス経済は持直しの傾向をみせ、為替レートもポンド高となっている。これは、金融政策が効いた結果であるのか、キャメロン政権のポリシーミックスの効果であるのか等については判然としない。少なくとも民間企業への銀行貸出の大きな伸びは観察されていない。

救いは住宅価格が低下していないこと、および住宅ローンが比較的好調なことであろうか。この住宅市場、住宅ローン市場の好調の背景には、2013年度予算（イギリスの会計年度は日本とほぼ同様）で導入されたヘルプ・トウ・バイ（Help to Buy）という制度が効いた可能性も考えられる。これは当初、2014年1月から導入されることとされていたのを2013年4月から前倒しで導入されたものである。

ヘルプ・トウ・バイは、LTV（住宅価格対比の住宅ローン借入額）の高い住宅ローンに対して政府保証をつけるというものである。具体的には、高LTVローンの85～95%（住宅価格対比）部分の95%について政府保証をつけるというものであり、この制度の対象となる住宅の価格の上限は60万ポンドと非常に高額である。このような住宅市場、住宅ローン市場への政府の積極的な姿勢は、これらを直接・間接に下支えした可能性はある。そして、それは当然のことながら金融政策（量的緩和）の貢献とはいえない。

しかしながら、景気回復により失業率が低下してきた（ここでは労働参加率が低下していることを考慮しなければならないが）

ことから、2014年1月にフォワード・ガイダンスの見直しを表明せざるをえない状況になったのは皮肉なことであった。半年も経たないうちにガイダンスの内容を見直すというのはかなりみっともない事態であるように思えるが、経済が危機から完全に立ち直ったといえるような状況からは程遠いことがその原因であろう。異例の金融緩和からの出口の負担に耐えられないと判断しているからにほかならないのである。

翌2月に発表されたBOEによるガイダンスの変更はかなりわかりにくい内容となった。まず表明されたのが、今後2～3年間、GDPギャップの完全な解消を模索するというものであった。これは需要不足からのデフレを懸念したものであろう。そして、利上げの前にGDPギャップの縮小が必要との認識が示された。さらに、APFによる資産買取枠は利上げまで維持されることも表明された。さらには、利上げのペースはきわめて緩やかであること、政策金利の水準は中期的にも金融危機前の水準を下回ることも表明された。要するに、出口は近くないことを必死になって説明し、出口を出てもそこから急激な引締めは行わないことを必死になって説明しているわけである。

このような表明をする意図は明白であろう。それは長期金利の急上昇という事態を恐れているからである。つまり、APFによる購入国債の満期が非常に長いことに加え、外国人保有比率が高いこともあり、長期金利の高騰（国債価格の低下）が、懸念されることがあろう。さらには、景気回復を支えてきた住宅市場・住宅金融市場への悪影響を防ぎたいとの思いもあるに違いない。いずれにせよイギリス経済はまだまだ大きな困難を抱えているのである。

また今後、BOEが推進したFLSにより銀行の調達金利低下が効いてくることがあったとしても、それは量的緩和の効果とは異なる。なおBOEは2013年末に、2014年以降のFLSによる融資促進策の対象から対個人貸出を除外することを発表した。これによりFLSはさらに縮小してしまうことも予想される。

本来であればBOEは、量的緩和の当初のマネタリスト的な説明については公式に誤りであったと撤回すべきであろうが、おそらくそのようなことは期待できないであろう。それはともかくとして、さしたる副作用がないものとして導入され、拡大されてきたBOEの量的緩和政策は、さしたる効果はなく継続してきている。そしてその結果、出口のむずかしさが累積してきている。出口においては、中央銀行自身の財務が財政に深刻な影響を与える可能性が大きいのである。そのことは、異例の超金融緩和政策がすでに純粋な金融政策の枠を超え、財政政策の分野へと進出している１つの証拠ともなっている。

金融超緩和政策からの出口のむずかしさは先進国中央銀行共通の課題であるが、イギリスの場合、その国債保有額がGDP対比においても発行残高対比においても非常に大きいこと、その保有国債の平均残存期間が長いことが出口をさらにむずかしくしている。その一方で、国債保有を中央銀行（BOE）の直接保有とせずに子会社（APF）保有とし、子会社の損失（国債価格の下落等による）については政府損失とするとした工夫が出口の混乱時に効いてくるか否かについては、今後の推移をみなければならないであろう。

出口政策において注目されるのは、今後、景気がさらに回復しインフレ率が上昇した際に、長期金利を無理やりに抑え込む、いわゆる金融抑圧政策が採用されるか否かということであろう。第二次世界大戦直後のイギリスの財政赤字はGNP比で2.5倍以上であったが、日本ほどではないものの戦後の高インフレは実質債務負担を急減させた。超金融緩和政策、大規模資産購入、特に国債の大量購入を行ってきている中央銀行およびその国の政府には、金融抑圧への思いが徐々に強くなっていくことが予想される。

しかし、インフレーションは国民各層間での不公平を大きくするし、金融抑圧は預金者や債券保有者へのみえない課税となってしまう不公正な政策である。一方でイギリスでは、法人税率については先進国中最低を目指す方向が明確に打ち出されている。こうしてイギリスの不平等はさらに拡大していくのであろうか。かつてのアメリカのFRBの議長であったウィリアム・マーチンが述べた「インフレーションは夜の闇の中の窃盗だ」という言葉が実感をもって確認される時期がそのうち訪れるかもしれない。まだ収束していない危機の解決策がこのようなものにならないような監視体制が望まれるし、その際には中央銀行の独立性の重要性があらためて確認されることになるのではないだろうか。

【参考文献】

・岩田規久男〔2012〕『日本銀行　デフレの番人』日経プレミアシリーズ
・梅田雅信〔2011〕『日銀の政策形成』東洋経済新報社
・梅田雅信〔2013〕『超金融緩和のジレンマ』東洋経済新報社
・大山剛〔2011〕『バーゼルⅢの衝撃』東洋経済新報社
・翁邦雄〔1993〕『金融政策』東洋経済新報社
・翁邦雄〔1999〕「ゼロ・インフレ下の金融政策について」『金融研究』第18巻第3号
・翁邦雄〔2011〕『ポスト・マネタリズムの金融政策』日本経済新聞出版社
・翁邦雄〔2013①〕『金融政策のフロンティア』日本評論社
・翁邦雄〔2013②〕『日本銀行』ちくま新書
・加藤出〔2004〕『メジャーリーグとだだちゃ豆で読み解く金融市場』ダイヤモンド社
・金井雄一〔1989〕『イングランド銀行金融政策の形成』名古屋大学出版会
・金井雄一〔2004〕『ポンドの苦闘』名古屋大学出版会
・金井雄一〔2014〕『ポンドの譲位』名古屋大学出版会
・小林襄治〔2013〕「英国の新金融監督体制とマクロプルーデンス政策手段」『証券経済研究』第82号
・斉藤美彦〔2006①〕『金融自由化と金融政策・銀行行動』日本経済評論社
・斉藤美彦〔2006②〕「国債累積と金融システム」『季刊経済理論』第43巻第3号
・斉藤美彦〔2010〕「世界金融危機下のイギリス金融機関」『信用理論研究』第28号
・斉藤美彦〔2012〕「国債累積と金融システム・中央銀行」『経済研究所年報』(成城大学) 第25号
・斉藤美彦〔2013〕「イングランド銀行の量的緩和政策の評価と今後の展望」『証券レビュー』第53巻第8号
・斉藤美彦・須藤時仁〔2009〕『国債累積時代の金融政策』日本経

済評論社
・斉藤美彦・簗田優〔2010〕『イギリス住宅金融の新潮流』時潮社
・須藤時仁〔2009〕「英米における国債買取スキーム」（上・下）『証券レビュー』第49巻第11・12号
・西川元彦〔1984〕『中央銀行：セントラル・バンキングの歴史と理論』東洋経済新報社
・日本銀行企画局〔2006〕「主要国の中央銀行における金融調節の枠組み」『日本銀行調査季報』2006年秋
・春井久志〔2013〕『中央銀行の経済分析：セントラル・バンキングの歴史・理論・政策』東洋経済新報社
・原田泰・増島稔〔2010〕「金融の量的緩和はどの経路で経済を改善したのか」『デフレ経済と金融政策』内閣府経済社会総合研究所
・藤井眞理子〔2004〕「英国における国債管理政策の変遷：1694～1970」『証券経済研究』第45号
・本多祐三・黒木祥弘・立花実〔2010〕「量的緩和政策―2001年から2006年にかけての日本の経験に基づく実証分析―」『フィナンシャル・レビュー』通巻第99号
・松浦一悦〔2004〕「1990年代後半以降のイングランド銀行の金融調節」『松山大学論集』第16巻第２号
・ベネット・T・マッカラム〔2004〕「貨幣の長期中立性と現代の政策分析」『金融研究』2004年12月
・森恒夫〔2011〕「労働党（New Labour）政権下のイギリス経済の動向とリーマン・ショック」『宇野理論を現代にどう活かすかNewsletter』第２期第５号
・Asset Purchase Facility, *Quarterly Report,* various issues.
・Bank of England〔1997〕*Reform of the Bank of England's operations in the sterling money markets.*
・Bank of England〔2002〕*The Bank of England's operations in the sterling money markets.*
・Bank of England〔2004〕"Reform of the Bank of England's operations in the sterling money markets.", *Bank of England Quarterly Bulletin,* Summer 2004.

・Bank of England〔2006①〕*The Framework for the Bank of England's Operations in the Sterling Money Markets.*
・Bank of England〔2006②〕*The Bank of England's Operations in the Sterling Money Markets: Provision of longer-term financing through outright bond purchases.*
・Bank of England, *Inflation Report,* various issues.
・Bank of England, *Financial Stability Report,* various issues.
・Bank of England, *Bank of England Quarterly Bulletin,* "Markets and Operations", various issues. =*BEQB*（イングランド銀行四季報）
・Benford, J. et al.〔2009〕"Quantitative Easing", *Bank of England Quarterly Bulletin,* 2009Q2.
・Black, I.〔2010〕*The UK Economy 1999-2009,* Anforme.
・Bridges, J., Rossiter, N. and Thomas, R.〔2011〕"Understanding the recent weakness in broad money growth", *Bank of England Quarterly Bulletin,* 2011Q1.
・Butt, N. et al.〔2012〕"What can the money data tell us about the impact of QE?", *Bank of England Quarterly Bulletin,* 2012Q4.
・Capie, F.〔2010〕*The Bank of England 1950s to 1979,* Cambridge University Press.
・Churm, R. et al.〔2012〕"The Funding for Lending Scheme.", *Bank of England Quarterly Bulletin,* 2012Q4.
・Clews, R.〔2005〕"Implementing monetary policy: reforms to the Bank of England's operations in the money markets.", *Bank of England Quarterly Bulletin,* Summer 2005.
・Debt Management Office（DMO）〔2013〕*DMO Annual Review 2012-13.*
・Fyfe, N. and Threadgould, A.〔2013〕*The UK Economy 2003-2013,* Anforme.
・HM Treasury〔2013①〕*Debt and reserves management report 2013-14.*
・HM Treasury〔2003②〕*Review of the Cash Deposit Scheme and Consultation on proposed change.*

・HM Treasury〔2013③〕*Autumn Statement 2013.*
・John, S. et al.〔2012〕“The Bank of England's Special Liquidity Scheme”, *BEQB* 2012Q1.
・King, M.〔2002〕“The inflation target ten years on”*BEQB* Winter 2002.
・King, M.〔2012①〕“*Speech（2012.10.9）: Twenty years on inflation targeting*” Bank of England.
・King, M.〔2012②〕“*Speech（2012.10.23）*”, Bank of England.
・Saito, Y.〔2010〕“The Bank of Japan's Monetary Policy during the Global Financial Crisis”『証券経済研究』第76号
・Sayers, R. S.〔1957〕*Central Banking after Bagehot,* Clarendon Press.
・Sayers, R. S.〔1976〕*The Bank of England 1891s to 1944,* Cambridge University Press.
・Tucker, P.〔2004〕“Managing the central bank's balance sheet: where monetary policy meets financial stability.”, *Bank of England Quarterly Bulletin,* Autumn 2004.

事項索引

さ

た

な

は

世界の中央銀行

イングランド銀行の金融政策

平成26年6月10日　第1刷発行

著　者　斉　藤　美　彦
発行者　小　田　　　徹
印刷所　株式会社日本制作センター

〒160-8520　東京都新宿区南元町19
発　行　所　一般社団法人 金融財政事情研究会
　編 集 部　TEL 03(3355)2251　FAX 03(3357)7416
販　　　売　株式会社 き ん ざ い
　販売受付　TEL 03(3358)2891　FAX 03(3358)0037
　URL http://www.kinzai.jp/

ISBN978-4-322-12560-3